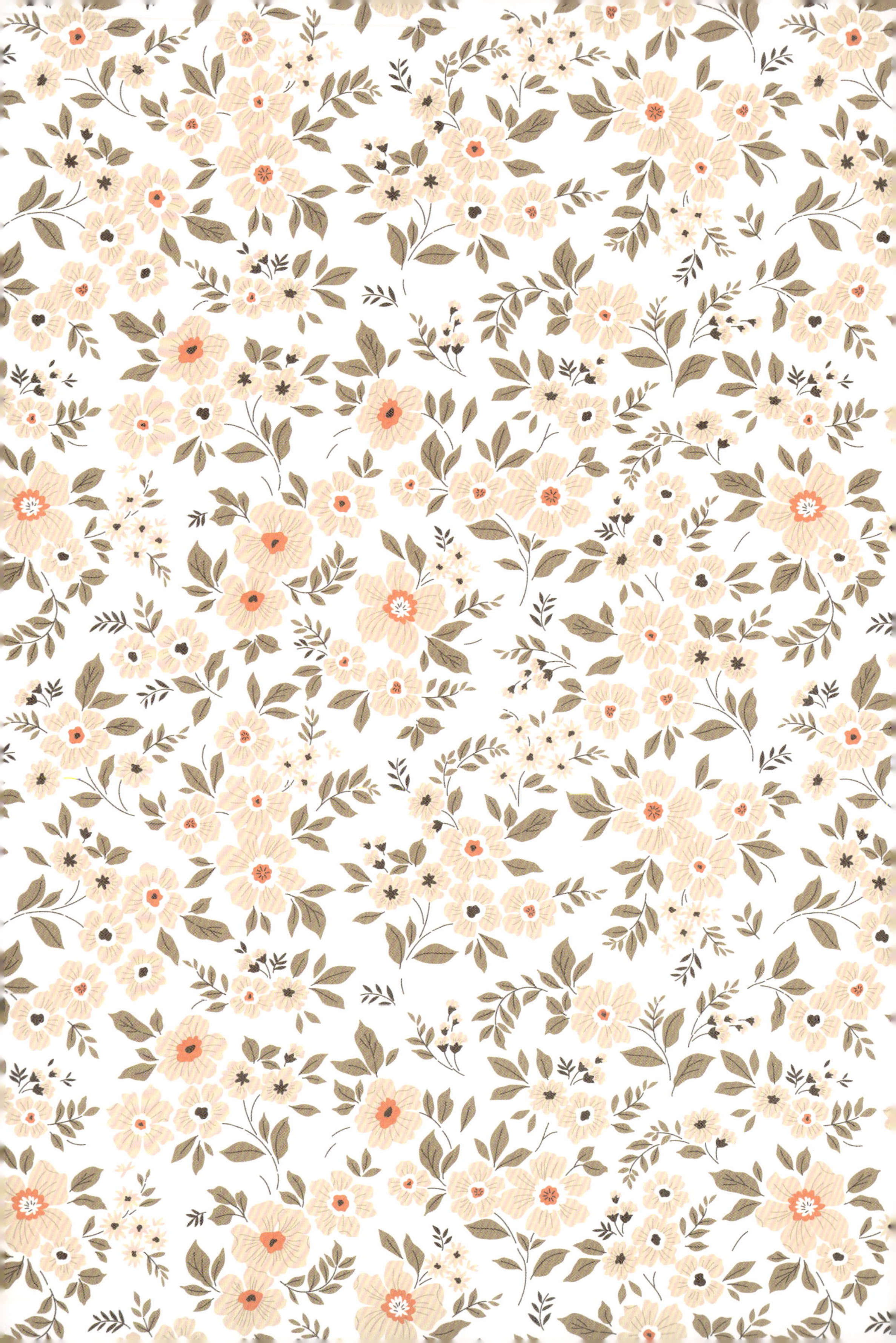

Sonja Herberhold

Das Amigurumi-Häkelbuch mit Tilda Apfelkern & Snöfrid

CV

Inhalt

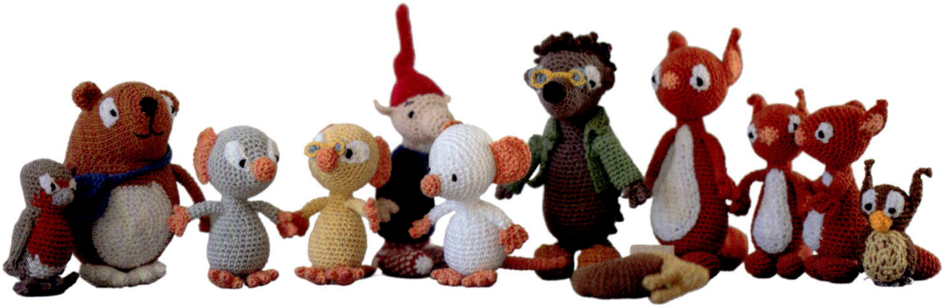

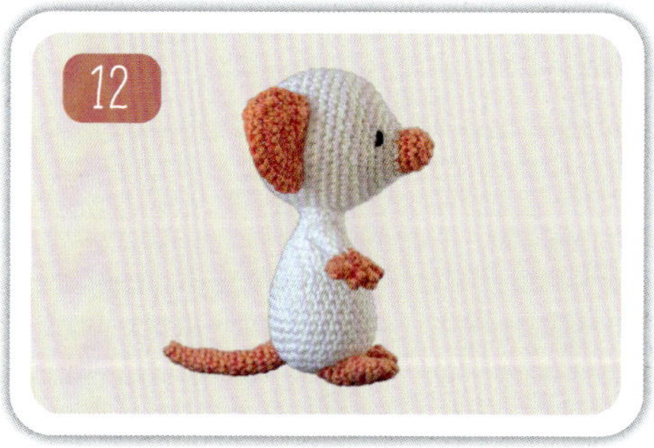

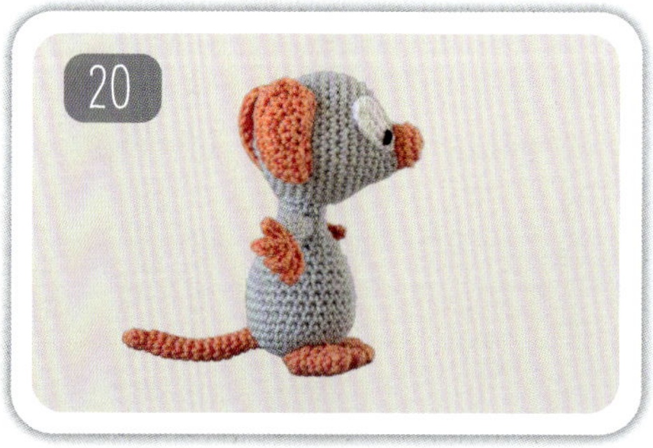

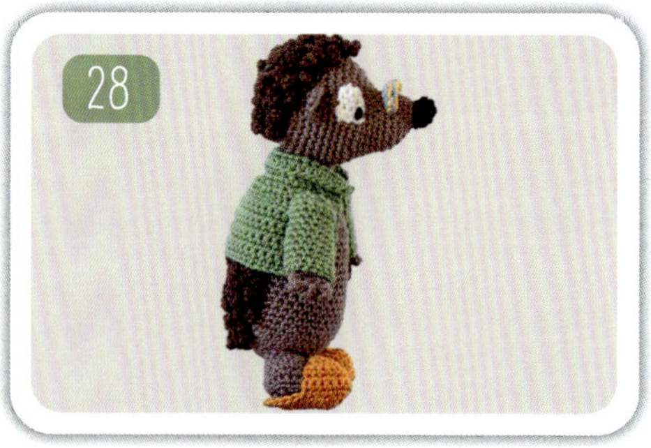

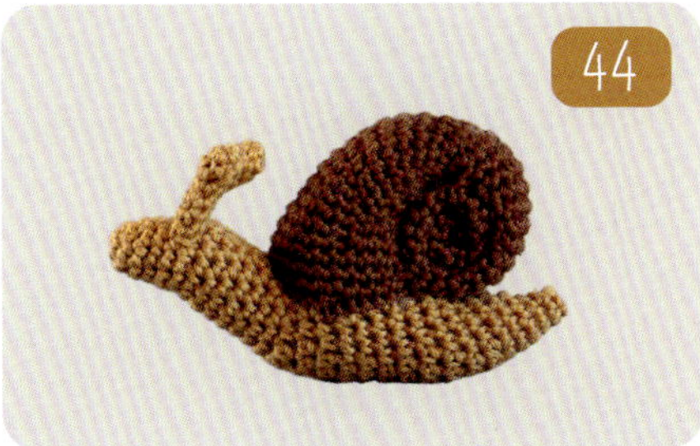

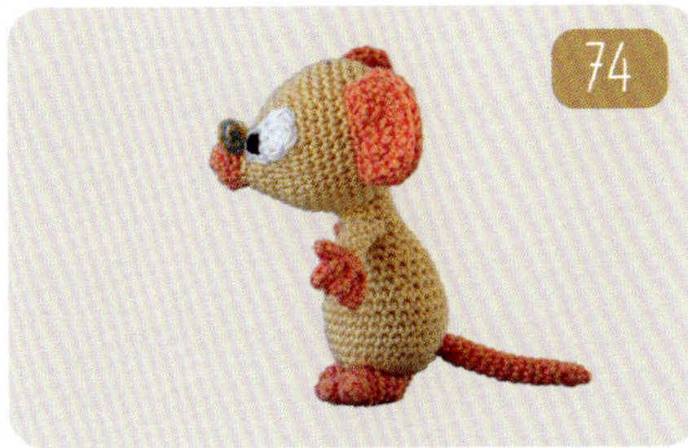

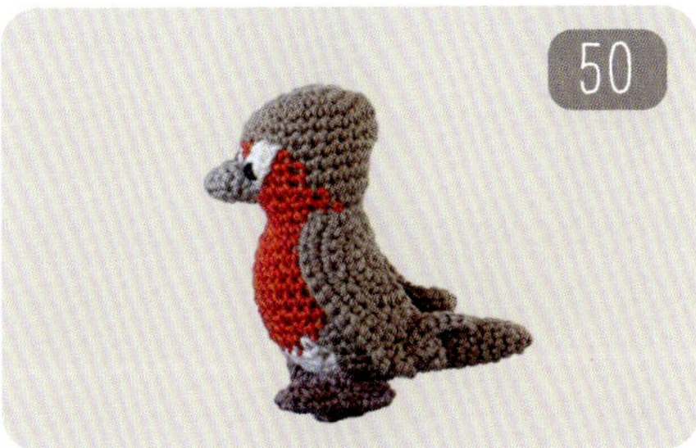

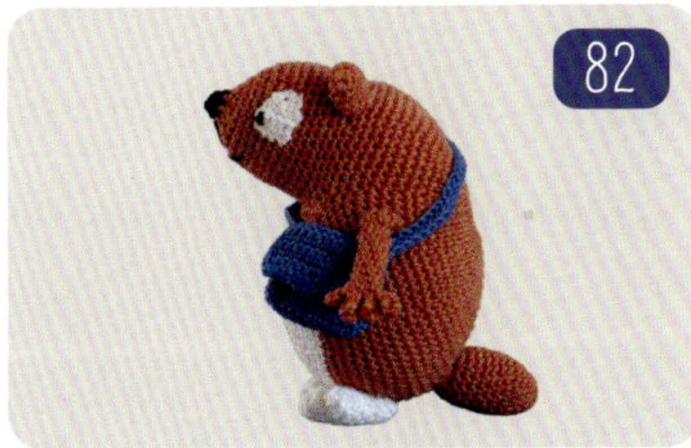

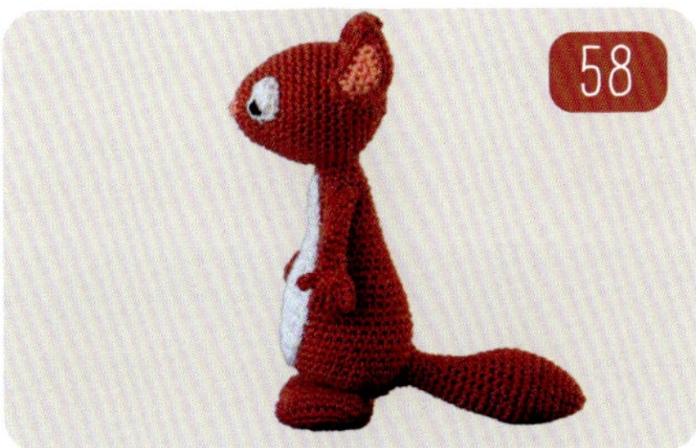

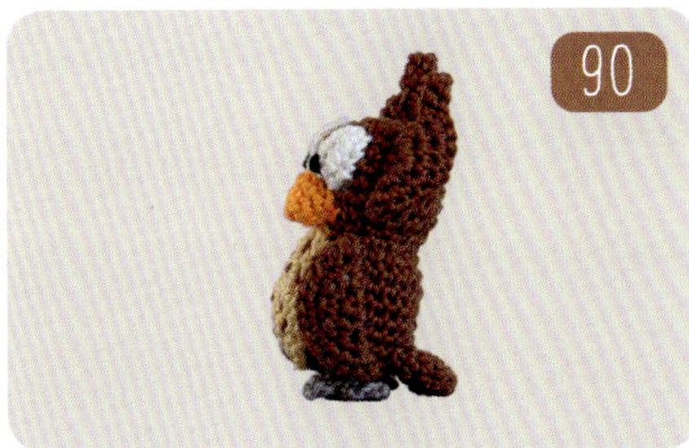

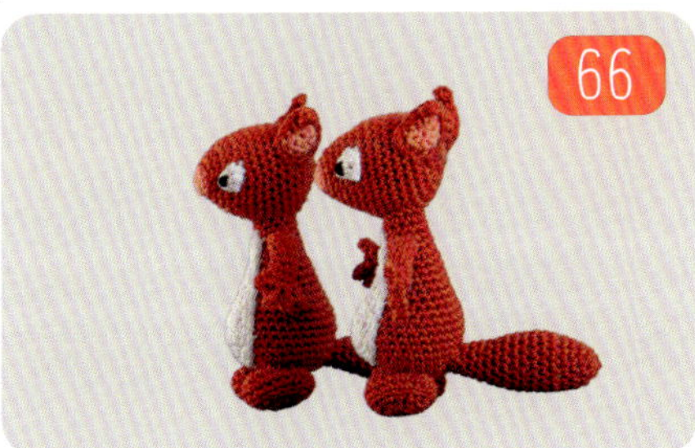

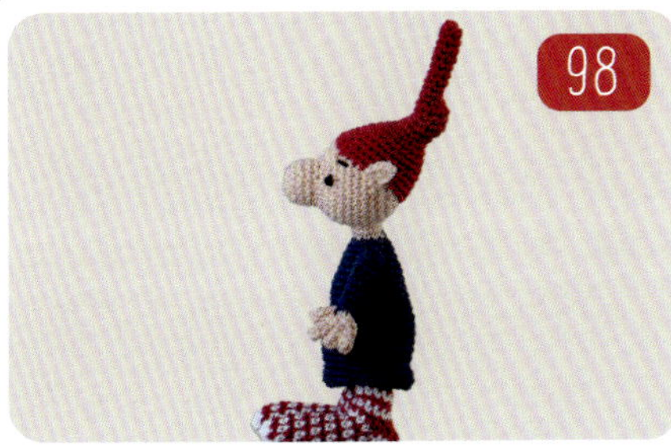

Häkelspaß mit Tilda und Co

Tilda Apfelkern und Snöfrid aus dem Wiesental sind die Hauptfiguren der erfolgreichen Vorlesebücher von Andreas H. Schmachtl. Die wunderbaren, stimmungsvollen, lustigen, aufregenden und spannenden Geschichten entführen kleine und große Leser in eine gemütlich-nostalgische Welt – und werden sie für immer verzaubern.

Tilda und ihre Freundinnen und Freunde leben in dem kleinen Dorf irgendwo zwischen den Hügeln. Dort geht es meistens ruhig und beschaulich zu. Vor allem im Heckenrosenweg im behaglichen Mäusehaus am Fuße der Kirchenmauer, in dem es stets nach Tee und frischem Gebäck duftet.

Snöfrid aus dem Wiesental ist ein knuffiger Eigenbrötler, der es am liebsten ganz ruhig mag. Aber wenn seine Hilfe gebraucht wird, sagt er nicht nein und begibt sich auf unglaubliche Abenteuer, erfährt von großen Geheimnissen und macht ganz wunderbare Entdeckungen!

Auch als Amigurumi-Häkelfiguren sind Tilda, Snöfrid und ihre Freundinnen und Freunde ganz bezaubernd. Mit Tilda und Molly, den kleinen Mäusen, dem Igel Rupert, den Eichhörnchen, mit Robin, Emily und Schnecki sowie mit Snöfrid und den Feenmännlein können Kinder die Geschichten nachspielen und endlich kann auch die Lieblingsfigur auf Abenteuer und Ausflüge mitgenommen werden! Und die Erwachsenen freuen sich über die niedlichen Figuren aus einer friedlichen Welt.

Viel Spaß also mit Tilda, Snöfrid und Co!
Deine Sonja Herberhold

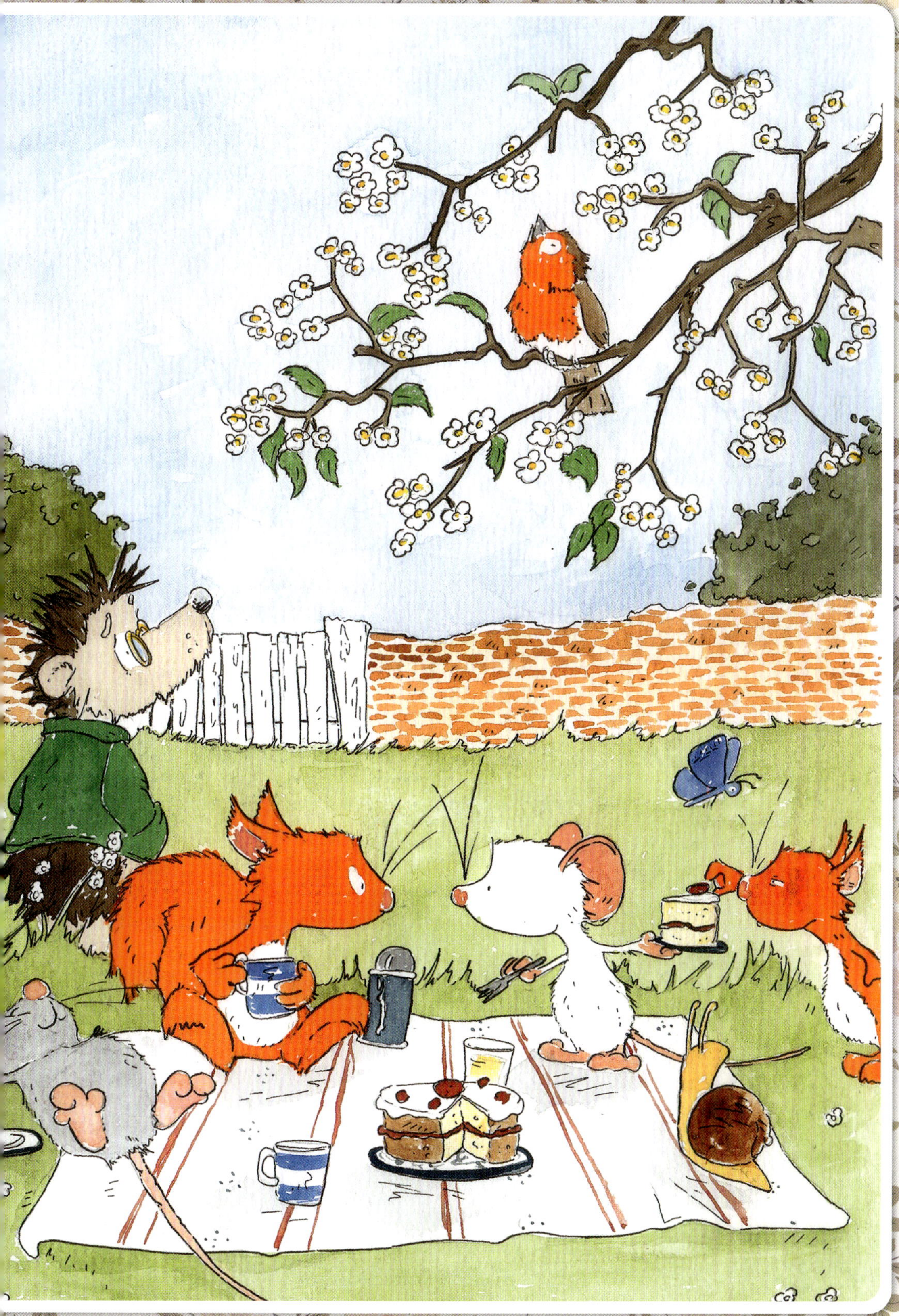

Werkzeuge und Hilfsmittel

Folgende Arbeitsmittel werden bei jeder Figur benötigt:

GARN

Alle Figuren wurden mit dem Garn „Schachenmayr Catania" aus 100 % Baumwolle mit einer Lauflänge von ca. 125 m/50 g) gehäkelt. Es kann jedoch jedes andere Garn verwendet werden. Dabei ist zu beachten, dass sich dementsprechend die Nadelstärke und die finale Größe der Figuren ändern kann.
Angegeben sind stets die für die Originale verwendeten Farben. Ersatzfarben sind natürlich möglich und frei wählbar.

HÄKELNADEL

Die Empfehlung für das Catania-Garn ist eine Häkelnadel in der Stärke 2,5–3,5 mm. Wer eher locker häkelt, nimmt die kleinere Nadel, wer fester häkelt wird mit der Nadelstärke 3,5 mm gut zurechtkommen.
Alle Originalfiguren wurden mit einer Häkelnadel der Stärke 2,5 mm angefertigt.

WOLL- ODER STICKNADEL

Um beim Annähen und Aufsticken genau und detailliert arbeiten zu können, ist eine Woll- oder Sticknadel mit Spitze gut geeignet. Die Nadel hat die richtige Stärke, wenn sich das verwendete Garn problemlos einfädeln lässt.

SCHERE

Eine besondere Garnschere ist nicht zwingend notwendig, auch eine einfache Bastelschere erfüllt ihren Zweck.

FÜLLWATTE

Zum Füllen bzw. Ausstopfen der Modelle kann eine waschbare hochbauschige Füllwatte verwendet werden.

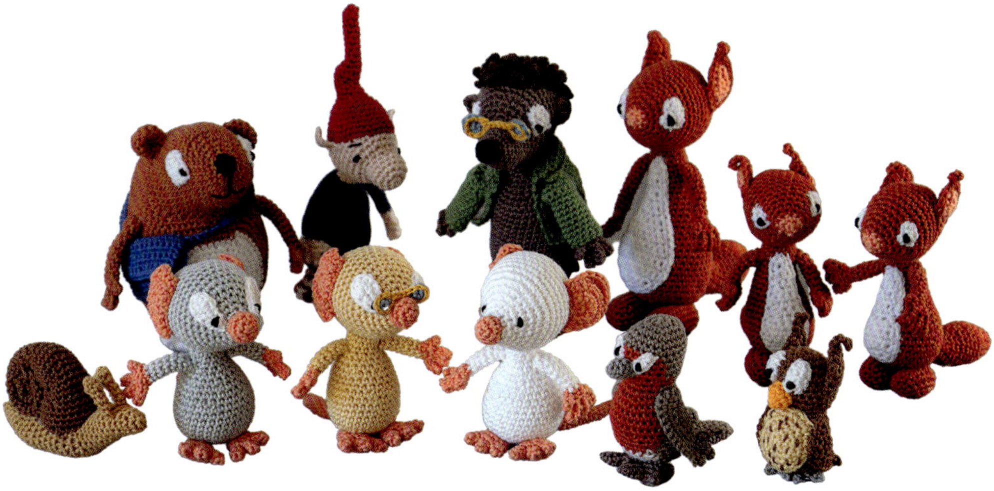

Folgende Arbeitsmittel sind nicht zwingend notwendig, helfen aber, das Häkeln zu erleichtern:

MASCHENMARKIERER

Beim Häkeln in Spiralrunden ist ein Maschenmarkierer besonders wichtig, um den Anfang der Runden zu erkennen. Aufgrund der übergangslosen Aneinanderreihung der Runden ist der Rundenanfang nach einigen Runden ohne Markierung sonst kaum noch ersichtlich. Den gleichen Effekt hat auch ein Kontrastfaden, der stets vor der 1. Masche jeder Runde nach innen bzw. außen geführt wird. Beim Häkeln in Reihen ist ein Maschenmarkierer nicht zwingend notwendig, erleichtert jedoch beim Ausführen von mehreren gleichen Reihen auch hier die Zählarbeit.

REIHENZÄHLER

Reihenzähler sind beim Häkeln von großen Teilen mit vielen Runden bzw Reihen sinnvoll. Alternativ funktioniert bei kleineren Teilen natürlich auch eine Strichliste oder das Einhängen von Maschenmarkierern nach einer bestimmten Anzahl von Runden/Reihen.

STECKNADELN

Mit den Stecknadeln werden die einzelnen Körperteile der Figuren an den vorgesehenen Stellen des Körpers angepinnt. So können vor dem finalen Annähen der Teile die Proportionen noch einmal geprüft werden. Außerdem bleiben die Teile während des Annähens fest an der gewünschten Position und können sich nicht verschieben.

Abkürzungen

Lm	Luftmasche(n)
fM	feste Masche(n)
hStb	halbes Stäbchen
Stb	Stäbchen
R	Reihe(n)
Rd	Runde(n)

(...) x2 / (...) x3 / (...) x4
Das in Klammern Geschriebene so oft wie angegeben wiederholen

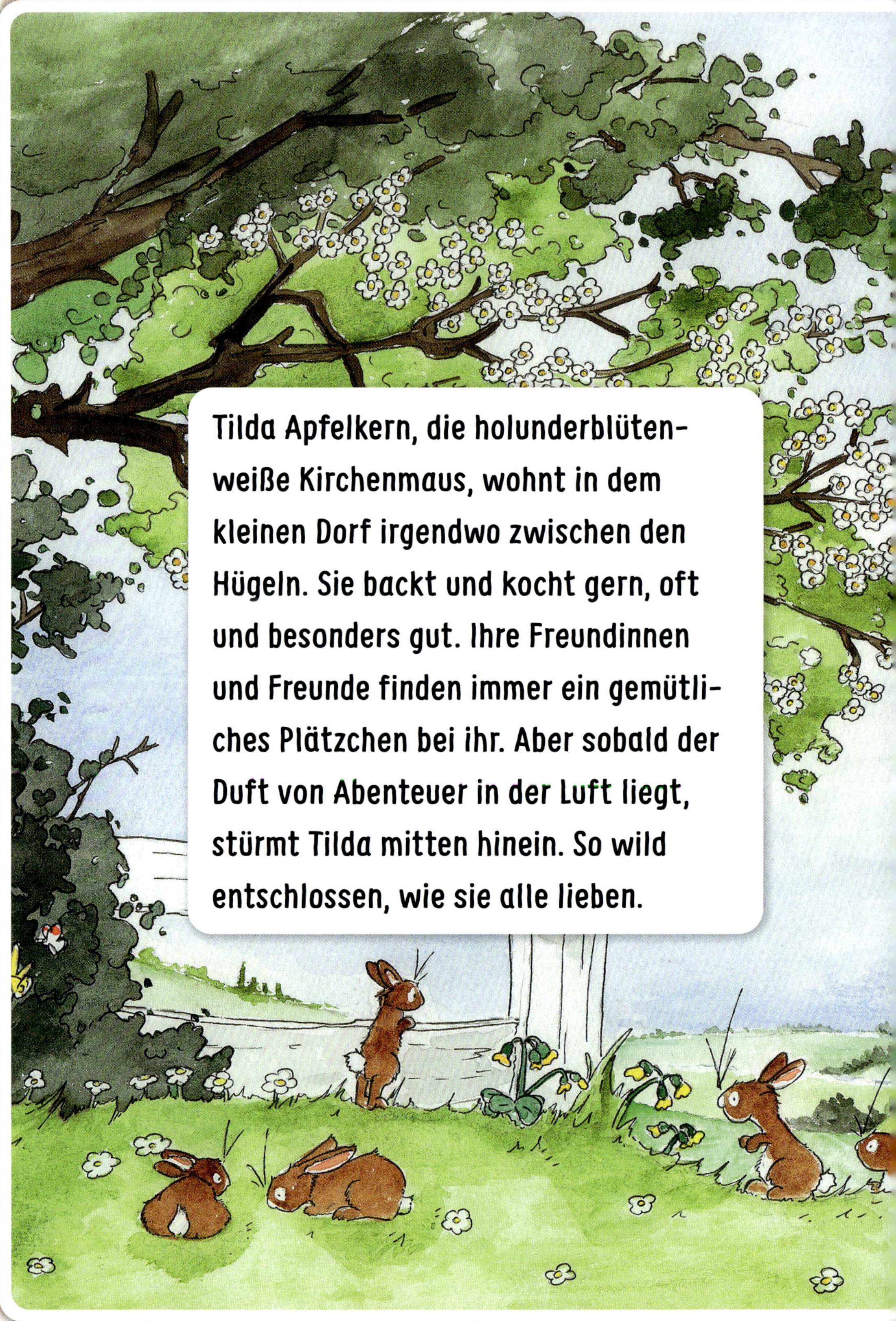

Tilda Apfelkern, die holunderblütenweiße Kirchenmaus, wohnt in dem kleinen Dorf irgendwo zwischen den Hügeln. Sie backt und kocht gern, oft und besonders gut. Ihre Freundinnen und Freunde finden immer ein gemütliches Plätzchen bei ihr. Aber sobald der Duft von Abenteuer in der Luft liegt, stürmt Tilda mitten hinein. So wild entschlossen, wie sie alle lieben.

Tilda Apfelkern

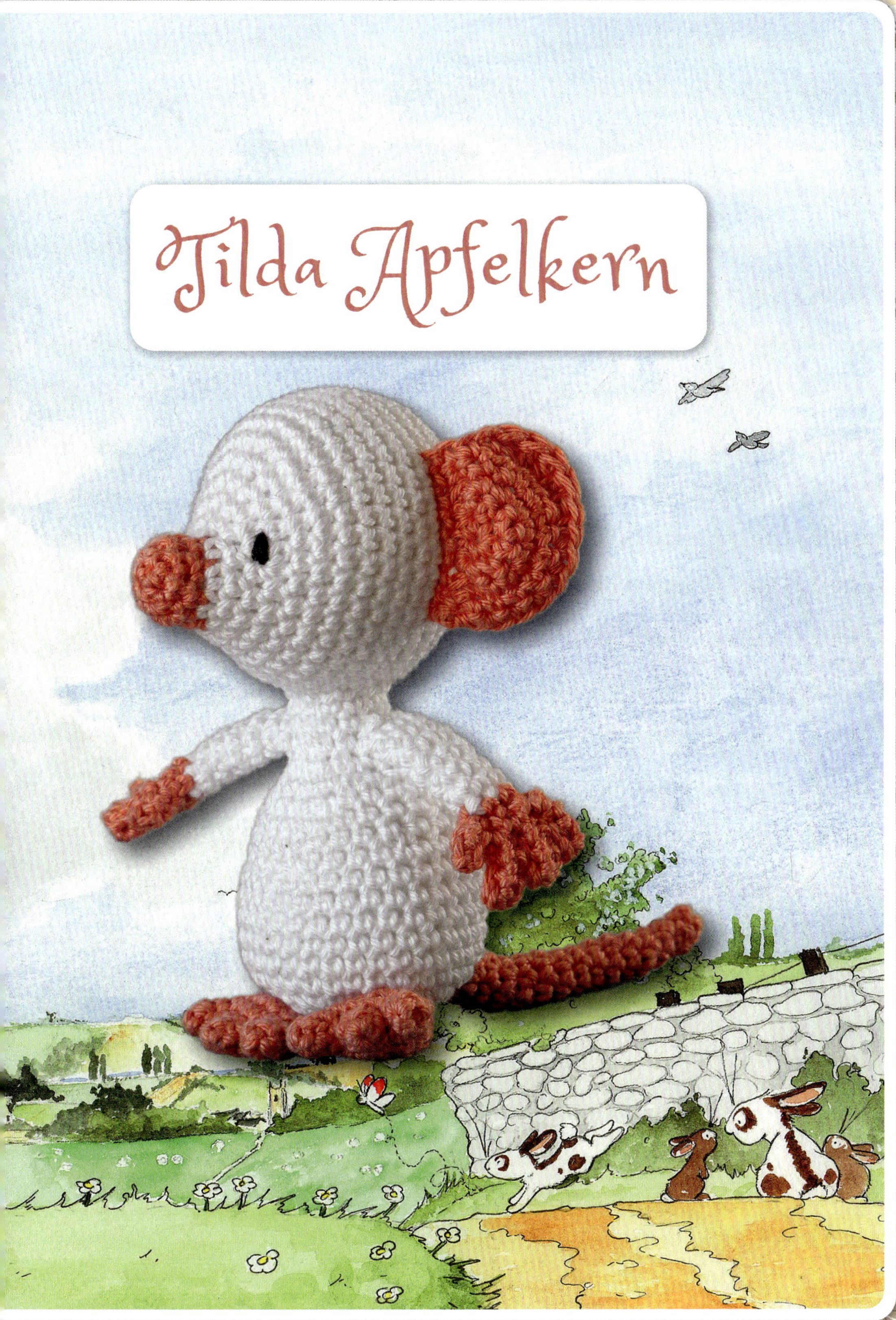

Anleitung

Größe: ca. 12 cm hoch

WIR BENÖTIGEN

- Häkelgarn: Schachenmayr Catania (100 % Baumwolle, Lauflänge ca. 125 m/50g), je 50 g in den Farben Scampi 00427, Weiß 00106 und Schwarz 00110 alternativ: anderes Garn in Pink, Weiß und Schwarz
- Häkelnadel Nr. 2,5–3,5 mm
- Füllwatte zum Ausstopfen
- Schere, Nähnadel
- optional Maschenmarkierer und Stecknadeln

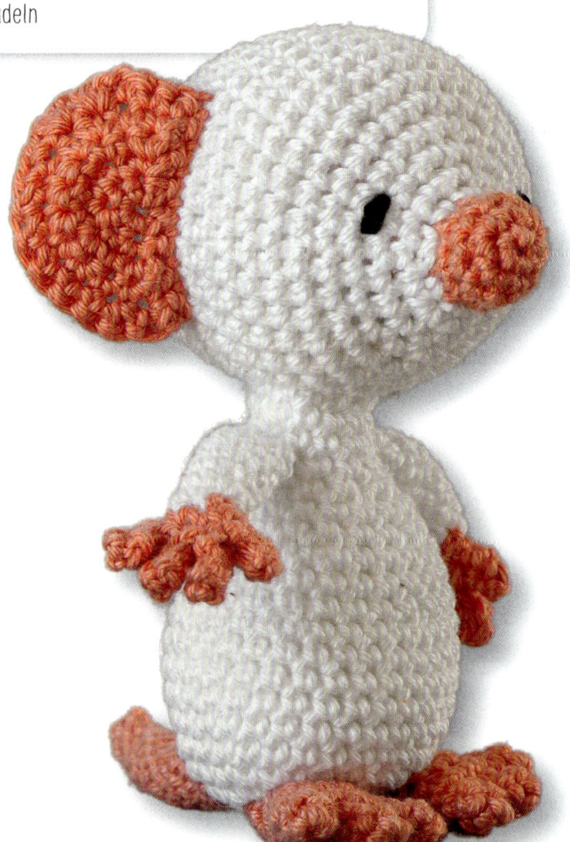

SO GEHT'S

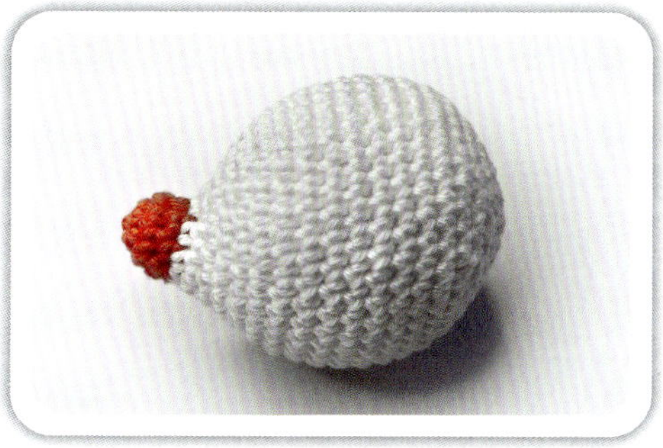

KOPF

Einen Fadenring in Scampi legen und in Spiralrunden fM häkeln.

1. Rd: 5 fM in den Fadenring
2. Rd: Jede Masche verdoppeln = 10 Maschen
3. Rd: 10 fM
4. Rd: Jede 4. und 5. Masche zusammen abmaschen = 8 Maschen
Den Faden abschneiden. Farbwechsel zu Weiß.
5. Rd: Jede 2. Masche verdoppeln = 12 Maschen
6. Rd: (4 fM, 2 Maschen verdoppeln) x2 = 16 Maschen
7. Rd: 4 fM, 4 Maschen verdoppeln, 8 fM = 20 Maschen
8. Rd: Jede 5. Masche verdoppeln = 24 Maschen
9. Rd: 6 fM, 1 Masche verdoppeln, 1 fM, 2 Maschen verdoppeln, 1 fM, 1 Masche verdoppeln, 8 fM, 2 Maschen verdoppeln, 2 fM = 30 Maschen
10. Rd: (2 fM, 1 Masche verdoppeln, 2 fM) x6 = 36 Maschen
11.–18. Rd: 36 fM (8 Rd)
19. Rd: Jede 5. und 6. Masche zusammen abmaschen = 30 Maschen
20. Rd: Jede 4. und 5. Masche zusammen abmaschen = 24 Maschen
21. Rd: Jede 3. und 4. Masche zusammen abmaschen = 18 Maschen
Den Kopf mit Füllwatte ausstopfen.
22. Rd: Jede 2. und 3. Masche zusammen abmaschen = 12 Maschen
23. Rd: Je 2 Maschen zusammen abmaschen = 6 Maschen
Den Faden lang abschneiden und mit einer Wollnadel durch die Maschen der letzten Rd ziehen. Die Öffnung zusammenziehen, dabei eventuell noch etwas Füllwatte nachlegen. Den Faden vernähen.

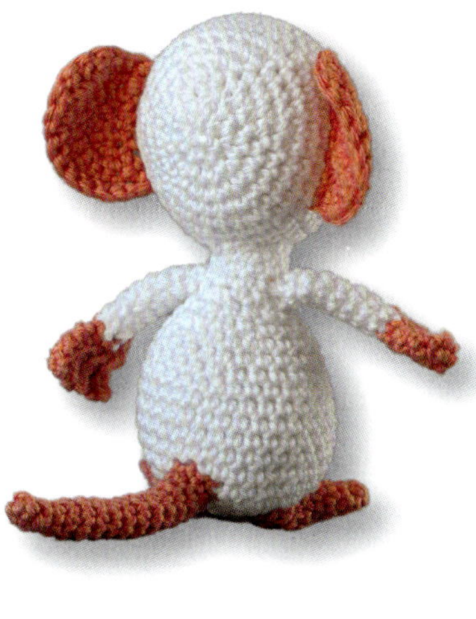

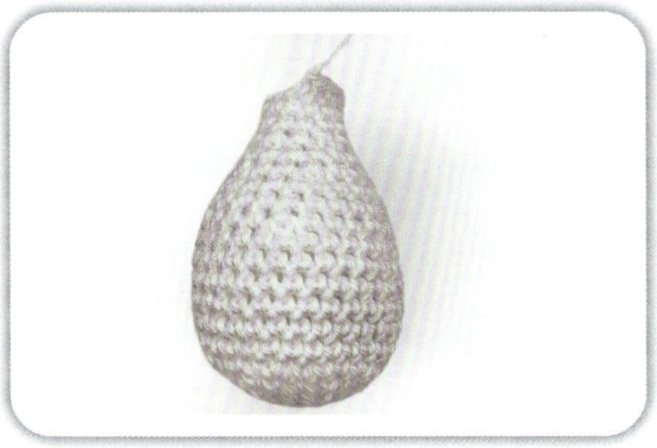

KÖRPER

Einen Fadenring in Weiß legen und in Spiralrunden fM häkeln.

1. Rd: 6 fM in den Fadenring

2. Rd: Jede Masche verdoppeln = 12 Maschen

3. Rd: Jede 2. Masche verdoppeln = 18 Maschen

4. Rd: Jede 3. Masche verdoppeln = 24 Maschen

5. Rd: (1 fM, 1 Masche verdoppeln, 2 fM) x6 = 30 Maschen

6.–11. Rd: 30 fM (6 Rd)

12. Rd: Jede 4. und 5. Masche zusammen abmaschen = 24 Maschen

13. und 14. Rd: 24 fM (2 Rd)

15. Rd: Jede 3. und 4. Masche zusammen abmaschen = 18 Maschen

16. Rd: 18 fM

17. Rd: Jede 2. und 3. Masche zusammen abmaschen = 12 Maschen

18.–20. Rd: 12 fM (3 Rd)

Den Faden lang abschneiden und durchziehen, noch nicht vernähen. Den Körper mit Füllwatte ausstopfen.

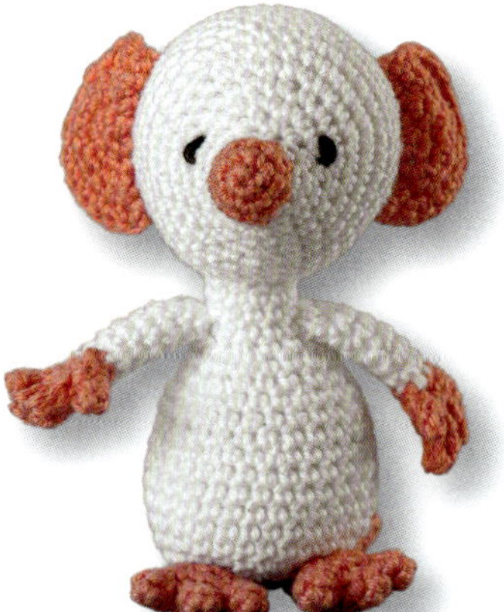

OHREN (2X HÄKELN)

Einen Fadenring in Scampi legen und in R fM häkeln.
1. R: 5 fM in den Fadenring, 1 Wendeluftmasche
2. R: 1 Masche verdoppeln, 1 fM, 1 Masche verdoppeln, 1 fM, 1 Masche verdoppeln = 8 Maschen, 1 Wendeluftmasche
3. R: 2 fM, 1 Masche verdoppeln, 2 fM, 1 Masche verdoppeln, 2 fM = 10 Maschen, 1 Wendeluftmasche
4. R: 2 fM, 2 hStb verdoppeln, 5 fM, 1 Masche verdoppeln = 13 Maschen, 1 Wendeluftmasche
5. R: 1 fM, 1 Masche verdoppeln, 5 fM, 1 hStb, 2 Stb verdoppeln, 1 hStb, 2 fM = 16 Maschen, nicht wenden, entlang der Seitenkante weiterhäkeln: 1 fM in die letzte fM der 5. R, 2 Maschen zusammen abmaschen, dafür in die 1. fM der 4. R und die letzte fM der 3. R einstechen, je 1 fM in die 1. fM der 2. R sowie die letzte und 1. M der 1. R, 2 Maschen zusammen abmaschen, dafür in die letzte fM der 2. R und die 1. fM der 3. R einstechen, 1 fM in die letzte fM der 4. R und 1 Kettmasche in die erste fM der 5. R. Den Faden zum späteren Annähen lang abschneiden und durchziehen, noch nicht vernähen.

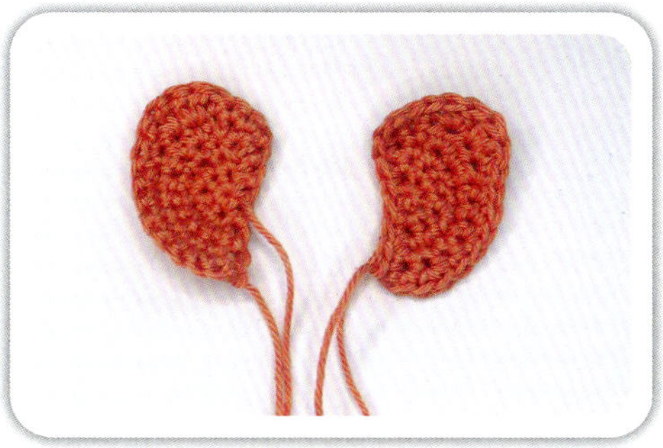

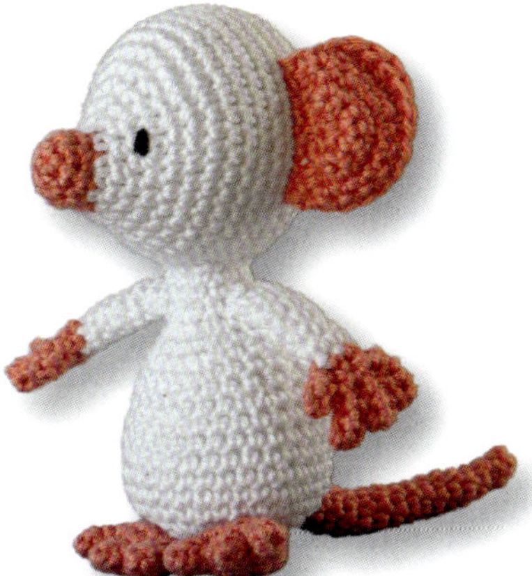

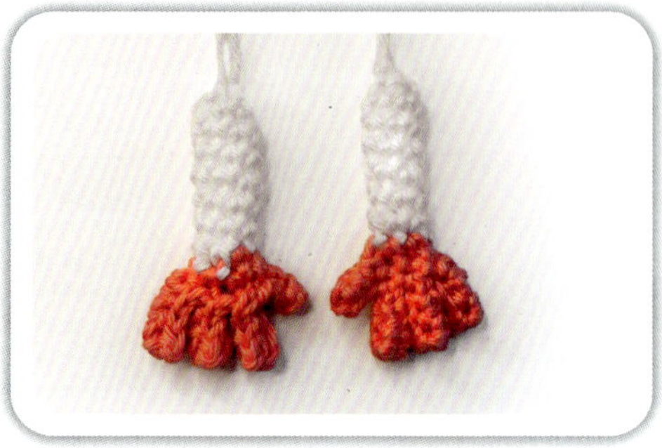

ARME (2X HÄKELN)

Mit einem langen Anfangsfaden in Weiß 6 Lm anschlagen und in Spiralrunden fM häkeln.

1. Rd: Die Lm-Kette zu einem Kreis legen. Je 1 fM in die 1. - 6. Lm, es entsteht eine Rd = 6 Maschen

2.–7. Rd: 6 fM (6 Rd)

Den Faden abschneiden. Farbwechsel zu Scampi.

8. Rd: 2 fM, 3 Lm, 1 fM in die 2. Lm von der Nadel aus, 1 fM, 4 fM am Arm

9. Rd: 2 fM, 2 fM entlang der Lm, 1 Wendeluftmasche, die beiden Seiten des Arms flach aufeinanderlegen und jeweils durch zwei gegenüberliegende Maschen einstechen: 2 Kettmaschen. Es entsteht der Daumen. Weiter die restlichen Finger häkeln, dabei wieder in nur 1 Masche einstechen:
(4 Lm, 1 fM in die 2. Lm von der Nadel aus, 2 fM, 1 Kettmasche in die nächste Masche am Arm) x3,
1 Wendeluftmasche,
(3 fM in die letzten 3 Maschen des nächsten Fingers, 1 Wendeluftmasche, den Finger flach aufeinanderlegen und durch jeweils zwei gegenüberliegende Maschen einstechen: 3 Kettmaschen, 1 Kettmasche in die nächste Masche am Arm) x3

Den Faden abschneiden und durchziehen. Alle Fäden bis auf den weißen Anfangsfaden vernähen. Optional den Arm leicht ausstopfen.

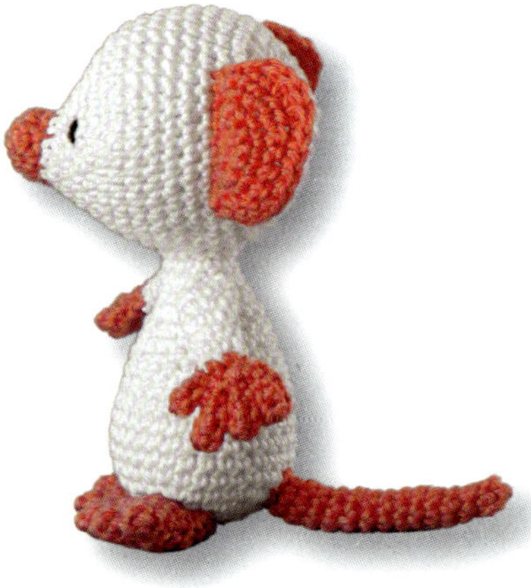

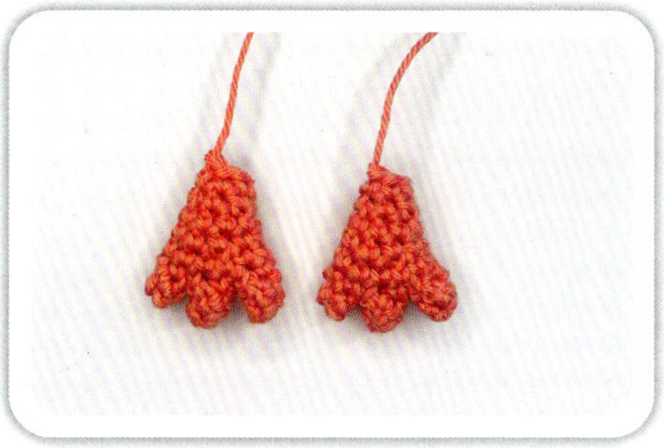

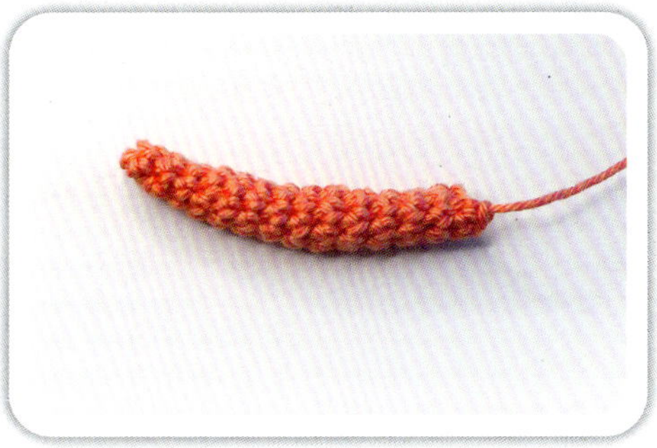

ZEHEN (3X HÄKELN))
FÜSSE (2X HÄKELN

Einen Fadenring in Scampi legen und in Spiralrunden fM häkeln. Zunächst die Zehen arbeiten:

1. Rd: 4 fM in den Fadenring

2. Rd: 4 fM

2 Zehen häkeln und den Faden abschneiden. Beim dritten Zeh den Faden nicht abschneiden und wie folgt weiterhäkeln:

3. Rd: 1 fM in eine beliebige Masche an einem der zwei anderen Zehen, 1 fM in die nächste Masche an demselben Zeh, 1 fM in eine beliebige Masche am letzten freien Zeh, je 1 fM in die folgenden 3 fM, je 1 fM in die noch freien 2 fM am mittleren Zeh und je 1 fM in die 4 fM am letzten (ursprünglich ersten) Zeh = 12 Maschen, über diese 12 M weiter in Spiralrunden häkeln

4. Rd: 12 fM

5. Rd: Jede 3. und 4. Masche zusammen abmaschen = 9 Maschen

6. Rd: 9 fM

7. Rd: Jede 2. und 3. Masche zusammen abmaschen = 6 Maschen

8. Rd: 6 fM

Den Faden zum späteren Annähen lang abschneiden und mit einer Wollnadel durch die Maschen der letzten Rd ziehen. Den Fuß etwas ausstopfen (es reicht auch, die Anfangs- und Endfäden der Zehen als Füllung zu verwenden). Die Öffnung zusammenziehen.

SCHWANZ

Einen Fadenring in Scampi legen und in Spiralrunden fM häkeln.

1. Rd: 4 fM in den Fadenring

2. Rd: 4 fM

3. Rd: 3 fM, 1 Masche verdoppeln = 5 Maschen

4. Rd: 5 fM

5. Rd: 1 fM, 1 Masche verdoppeln, 3 fM = 6 Maschen

6.–15. Rd: 6 fM (10 Rd)

Den Faden zum späteren Annähen lang abschneiden und durchziehen, noch nicht vernähen. Optional den Schwanz leicht ausstopfen.

Fertigstellen

Den Körper mit dem Endfaden unten am Kopf annähen. Arme zwischen der 17. und 18. Rd beidseitig an den Körper nähen, dabei darauf achten, dass die Daumen nach vorne zeigen. Füße in der unteren Körpermitte annähen. Ohren zwischen der 15. und 16. Rd beidseitig an den Kopf nähen, dabei zwischen beiden Ohren ca. 10 fM Abstand lassen. Den Schwanz in der hinteren Mitte am unteren Körperrand festnähen. In Schwarz die Augen mit je 3 kleinen Plattstichen aufsticken.

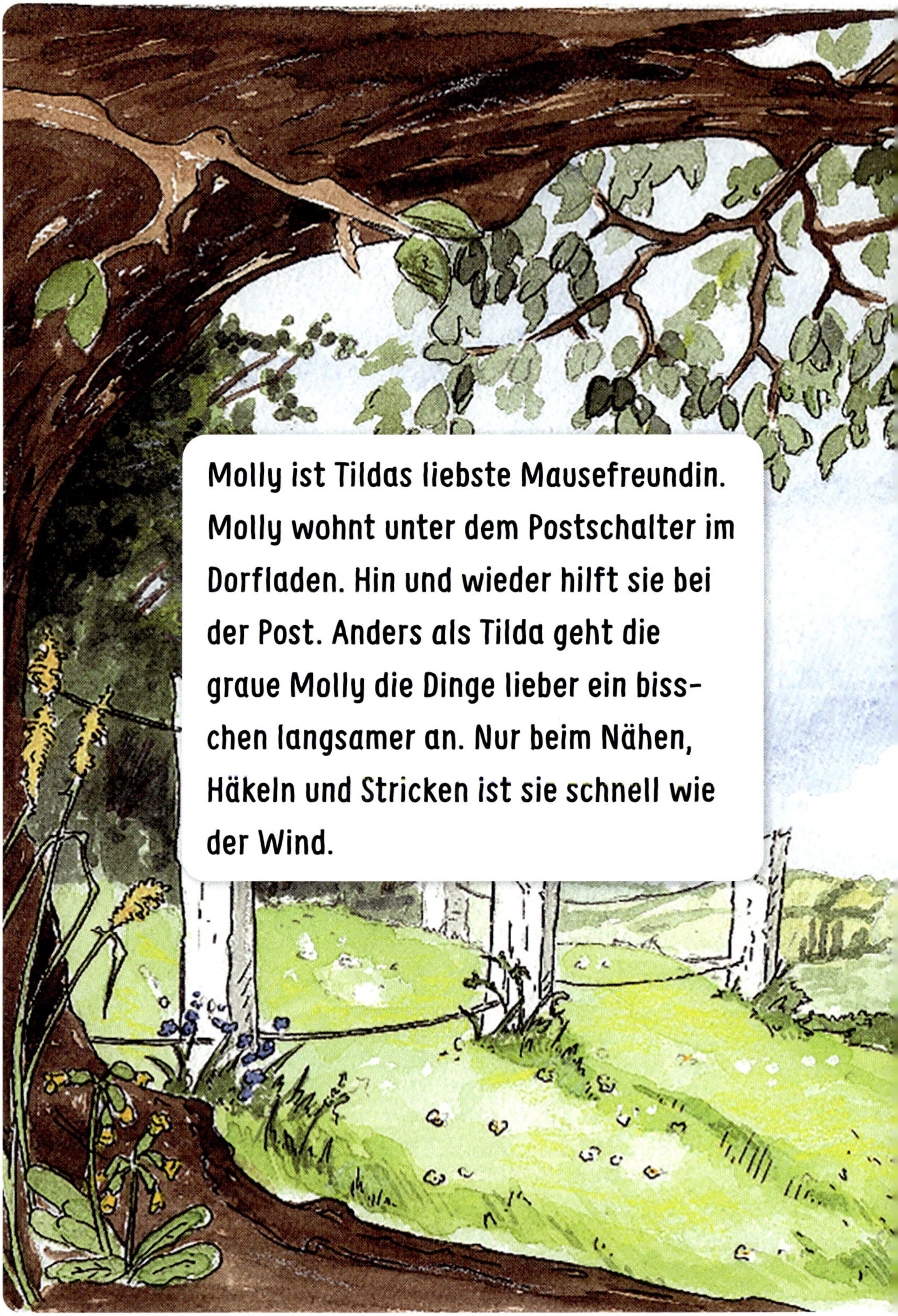

Molly ist Tildas liebste Mausefreundin. Molly wohnt unter dem Postschalter im Dorfladen. Hin und wieder hilft sie bei der Post. Anders als Tilda geht die graue Molly die Dinge lieber ein bisschen langsamer an. Nur beim Nähen, Häkeln und Stricken ist sie schnell wie der Wind.

Postmaus Molly

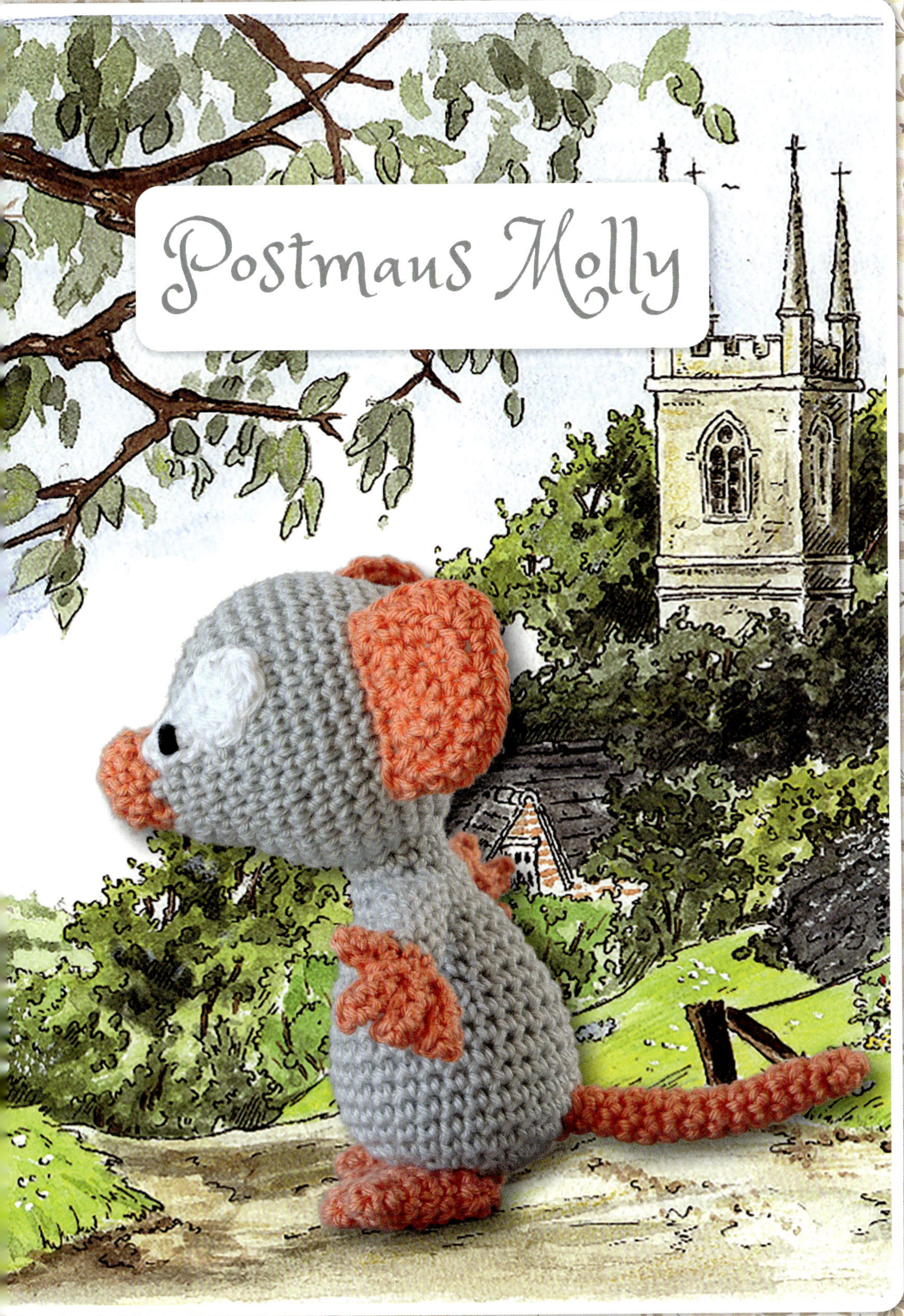

Anleitung

Größe: ca. 12 cm hoch

WIR BENÖTIGEN

- Häkelgarn: Schachenmayr Catania (100 % Baumwolle, Lauflänge ca. 125 m/50g) in den Farben Scampi 00427, Silber 00172, Weiß 00106 und Schwarz 00110 alternativ: anderes Garn in Pink, Hellgrau, Weiß und Schwarz
- Häkelnadel Nr. 2,5–3,5 mm
- Füllwatte zum Ausstopfen
- Schere, Nähnadel
- optional Maschenmarkierer und Stecknadeln

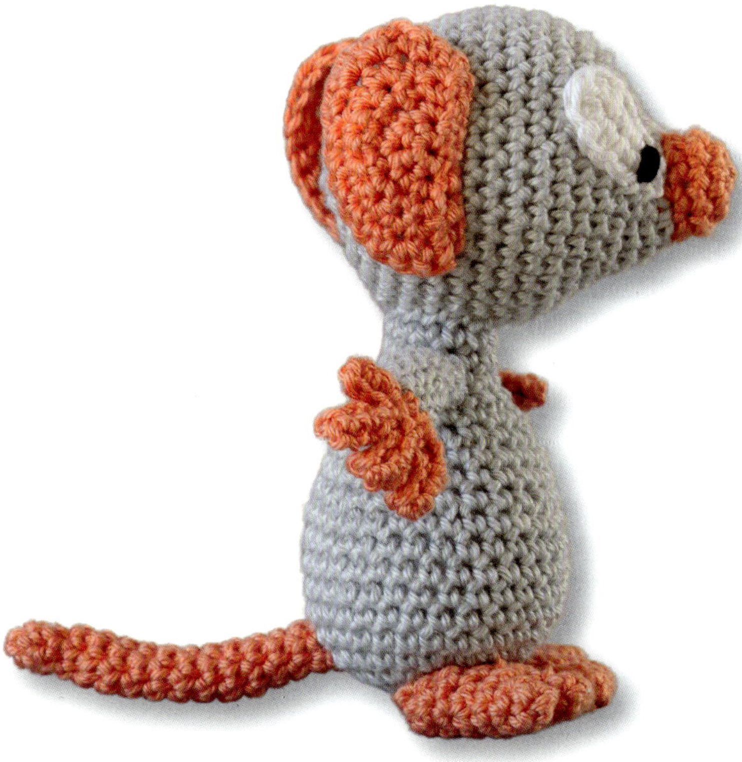

SO GEHT'S

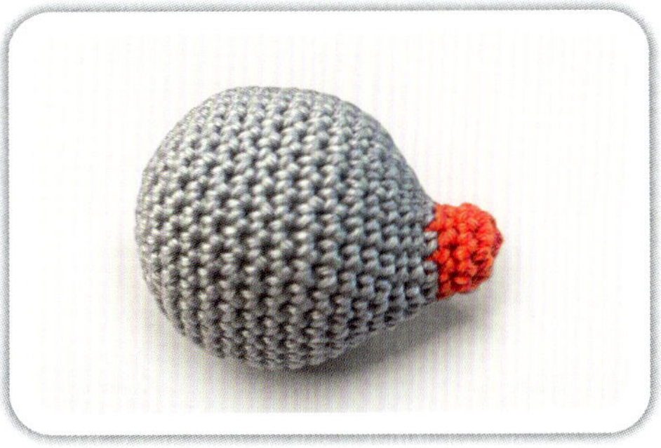

KOPF

Einen Fadenring in Scampi legen und in Spiralrunden fM häkeln.

1. Rd: 5 fM in den Fadenring
2. Rd: Jede Masche verdoppeln = 10 Maschen
3. Rd: 10 fM
4. Rd: Jede 4. und 5. Masche zusammen abmaschen = 8 Maschen
Den Faden abschneiden. Farbwechsel zu Silber.
5. Rd: Jede 2. Masche verdoppeln = 12 Maschen
6. Rd: (4 fM, 2 Maschen verdoppeln) x2 = 16 Maschen
7. Rd: 4 fM, 4 Maschen verdoppeln, 8 fM = 20 Maschen
8. Rd: Jede 5. Masche verdoppeln = 24 Maschen
9. Rd: 6 fM, 1 Masche verdoppeln, 1 fM, 2 Maschen verdoppeln, 1 fM, 1 Masche verdoppeln, 8 fM, 2 Maschen verdoppeln, 2 fM = 30 Maschen
10. Rd: (2 fM, 1 Masche verdoppeln, 2 fM) x6 = 36 Maschen
11.–18. Rd: 36 fM (8 Rd)
19. Rd: Jede 5. und 6. Masche zusammen abmaschen = 30 Maschen
20. Rd: Jede 4. und 5. Masche zusammen abmaschen = 24 Maschen
21. Rd: Jede 3. und 4. Masche zusammen abmaschen = 18 Maschen
Den Kopf mit Füllwatte ausstopfen.
22. Rd: Jede 2. und 3. Masche zusammen abmaschen = 12 Maschen
23. Rd: Je 2 Maschen zusammen abmaschen = 6 Maschen
Den Faden lang abschneiden und mit einer Wollnadel durch die Maschen der letzten Rd ziehen. Die Öffnung zusammenziehen, dabei eventuell noch etwas Füllwatte nachlegen. Den Faden vernähen.

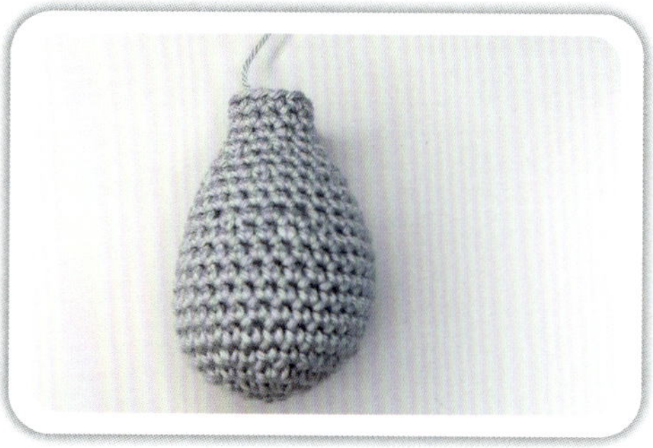

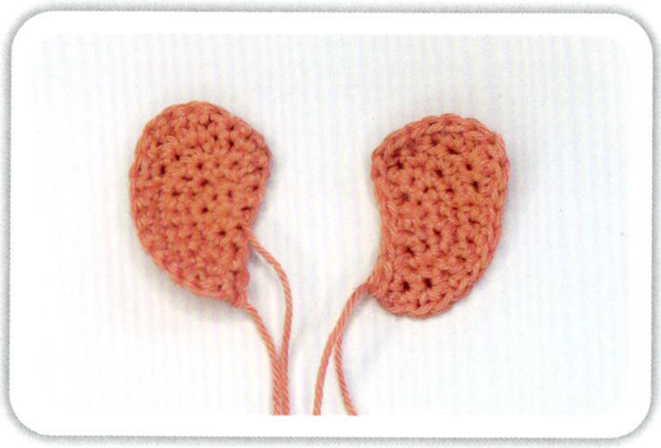

KÖRPER

Einen Fadenring in Silber legen und in Spiralrunden fM häkeln.

1. Rd: 6 fM in den Fadenring

2. Rd: Jede Masche verdoppeln = 12 Maschen

3. Rd: Jede 2. Masche verdoppeln = 18 Maschen

4. Rd: Jede 3. Masche verdoppeln = 24 Maschen

5. Rd: (1 fM, 1 Masche verdoppeln, 2 fM) x6 = 30 Maschen

6.–11. Rd: 30 fM (6 Rd)

12. Rd: Jede 4. und 5. Masche zusammen abmaschen = 24 Maschen

13. und 14. Rd: 24 fM (2 Rd)

15. Rd: Jede 3. und 4. Masche zusammen abmaschen = 18 Maschen

16. Rd: 18 fM

17. Rd: Jede 2. und 3. Masche zusammen abmaschen = 12 Maschen

18.–20. Rd: 12 fM (3 Rd)

Den Faden lang abschneiden und durchziehen, noch nicht vernähen. Den Körper mit Füllwatte ausstopfen.

OHREN (2X HÄKELN)

Einen Fadenring in Scampi legen und fM häkeln.

1. R: 5 fM in den Fadenring, 1 Wendeluftmasche

2. R: 1 Masche verdoppeln, 1 fM, 1 Masche verdoppeln, 1 fM, 1 Masche verdoppeln = 8 Maschen, 1 Wendeluftmasche

3. R: 2 fM, 1 Masche verdoppeln, 2 fM, 1 Masche verdoppeln, 2 fM = 10 Maschen, 1 Wendeluftmasche

4. R: 2 fM, 2 hStb verdoppeln, 5 fM, 1 Masche verdoppeln = 13 Maschen, 1 Wendeluftmasche

5. R: 1 fM, 1 Masche verdoppeln, 5 fM, 1 hStb, 2 Stb verdoppeln, 1 hStb, 2 fM = 16 Maschen, nicht wenden, entlang der Seitenkante weiterhäkeln: 1 fM in die letzte fM der 5. R, 2 Maschen zusammen abmaschen, dafür in die 1. fM der 4. R und die letzte fM der 3. R einstechen, je 1 fM in die 1. fM der 2. R sowie in die letzte und die 1. M der 1. R, 2 Maschen zusammen abmaschen, dafür in die letzte fM der 2. R und die 1. fM der 3. R einstechen, 1 fM in die letzte fM der 4. R und 1 Kettmasche in die erste fM der 5. R

Den Faden zum späteren Annähen lang abschneiden und durchziehen, noch nicht vernähen.

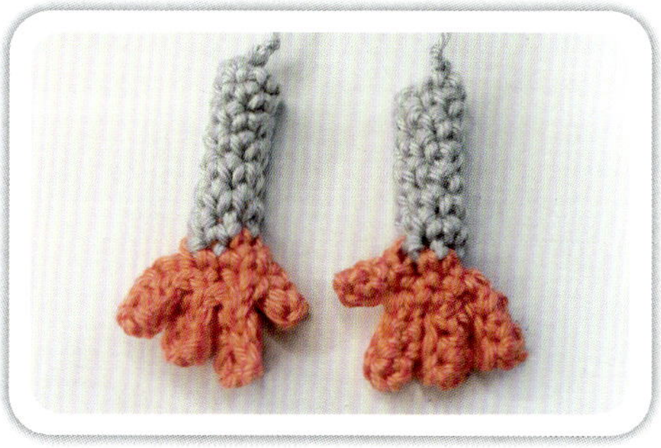

ARME (2X HÄKELN)

Mit einem langen Anfangsfaden in Silber 6 Lm anschlagen und in Spiralrunden fM häkeln.

1. Rd: Die Lm-Kette zu einem Kreis legen. Je 1 fM in die 1. - 6. Lm, es entsteht eine Rd = 6 Maschen

2.–7. Rd: 6 fM (6 Rd)

Den Faden abschneiden. Farbwechsel zu Scampi.

8. Rd: 2 fM, 3 Lm, 1 fM in die 2. Lm von der Nadel aus, 1 fM, 4 fM am Arm

9. Rd: 2 fM, 2 fM entlang der Lm, 1 Wendeluftmasche, die beiden Seiten des Arms flach aufeinanderlegen und jeweils durch zwei gegenüberliegende Maschen einstechen: 2 Kettmaschen. Es entsteht der Daumen. Weiter die restlichen Finger häkeln, dabei wieder in nur 1 Masche einstechen:

(4 Lm, 1 fM in die 2. Lm von der Nadel aus, 2 fM, 1 Kettmasche in die nächste Masche am Arm) x3 ,

1 Wendeluftmasche,

(3 fM in die letzten 3 Maschen des nächsten Fingers, 1 Wendeluftmasche, den Finger flach aufeinanderlegen und durch jeweils zwei gegenüberliegende Maschen einstechen: 3 Kettmaschen, 1 Kettmasche in die nächste Masche am Arm) x3

Den Faden abschneiden und durchziehen. Alle Fäden bis auf den silberfarbenen Anfangsfaden vernähen. Optional den Arm leicht ausstopfen.

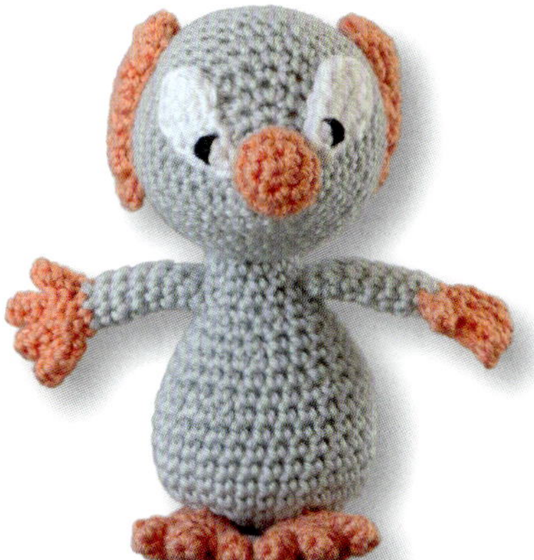

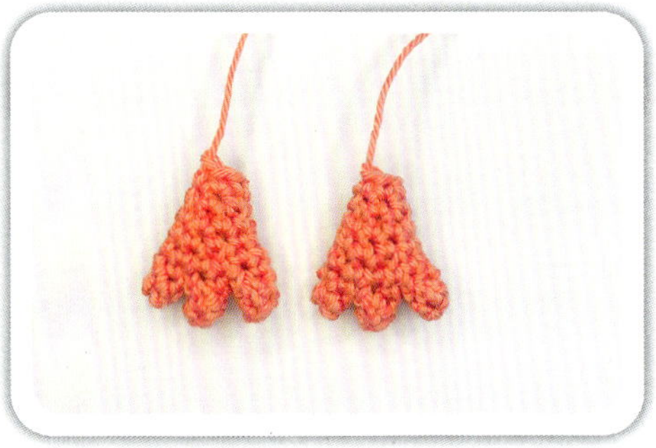

ZEHEN (3X HÄKELN)
FÜSSE (2X HÄKELN)

Einen Fadenring in Scampi legen und in Spiralrunden fM häkeln.

1. Rd: 4 fM in den Fadenring

2. Rd: 4 fM

2 Zehen häkeln und den Faden abschneiden. Beim dritten Zeh den Faden nicht abschneiden und wie folgt weiterhäkeln:

3. Rd: 1 fM in eine beliebige Masche an einem der zwei anderen Zehen, 1 fM in die nächste Masche an demselben Zeh, 1 fM in eine beliebige Masche am letzten freien Zeh, je 1 fM in die folgenden 3 fM, je 1 fM in die noch freien 2 fM am mittleren und je 1 fM in die 4 fM am letzten (ursprünglich ersten) Zeh = 12 Maschen, über diese 12 M weiter in Spiralrunden häkeln.

4. Rd: 12 fM

5. Rd: Jede 3. und 4. Masche zusammen abmaschen = 9 Maschen

6. Rd: 9 fM

7. Rd: Jede 2. und 3. Masche zusammen abmaschen = 6 Maschen

8. Rd: 6 fM

Den Faden lang abschneiden und mit einer Wollnadel durch die Maschen der letzten Rd ziehen. Den Fuß etwas ausstopfen (es reicht auch, die Anfangs- und Endfäden der Zehen als Füllung zu verwenden). Die Öffnung zusammenziehen. Den Faden zum späteren Annähen lang abschneiden und durchziehen, noch nicht vernähen.

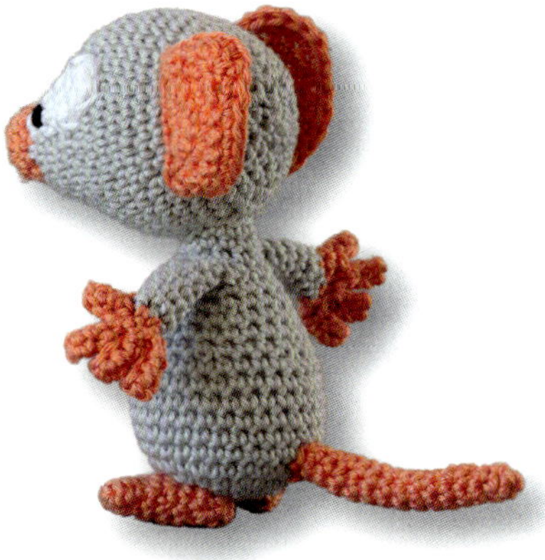

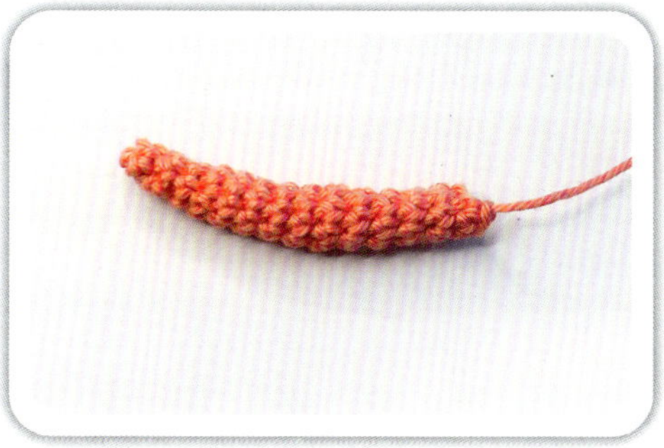

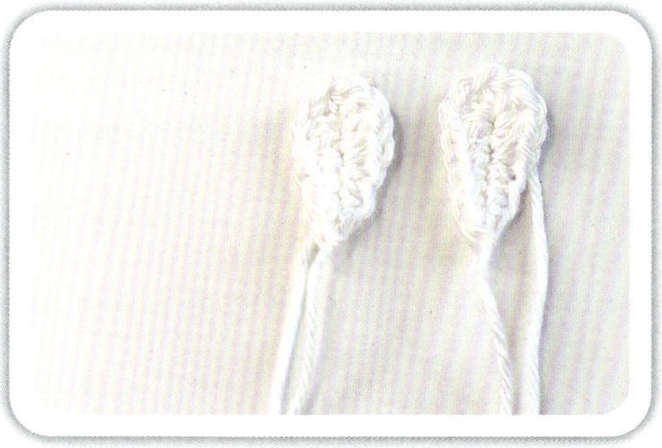

SCHWANZ

Einen Fadenring in Scampi legen und in Spiralrunden fM häkeln.

1. Rd: 4 fM in den Fadenring

2. Rd: 4 fM

3. Rd: 3 fM, 1 Masche verdoppeln = 5 Maschen

4. Rd: 5 fM

5. Rd: 1 fM, 1 Masche verdoppeln, 3 fM = 6 Maschen

6.–15. Rd: 6 fM (10 Rd)

Den Faden zum späteren Annähen lang abschneiden und durchziehen, noch nicht vernähen. Optional den Schwanz leicht ausstopfen.

AUGENFLECK (2X HÄKELN)

In Weiß 5 Lm anschlagen und eine Rd auf die Lm-Kette häkeln.

1. Rd: 1 fM in die 2. Lm von der Nadel aus, entlang der Lm-Kette häkeln: 1 fM, 1 Masche verdoppeln, 6 hStb in die letzte Lm, weiter an der anderen Seite der Lm-Kette in die noch freien Maschenglieder: 1 Masche verdoppeln, 1 fM, 1 Masche verdoppeln, 1 Kettmasche in die 1. fM der Rd

Den Faden zum späteren Aufnähen lang abschneiden und durchziehen, noch nicht vernähen.

Fertigstellen

Den Körper mit dem Endfaden unten am Kopf annähen. Arme zwischen der 17. und 18. Rd beidseitig an den Körper nähen, dabei darauf achten, dass die Daumen nach vorne zeigen. Füße in der unteren Körpermitte annähen. Ohren zwischen der 15. und 16. Rd beidseitig an den Kopf nähen, dabei zwischen beiden Ohren ca. 10 fM Abstand lassen. Den Schwanz in der hinteren Mitte am unteren Körperrand festnähen. Die Augenflecke beidseitig der Schnauze aufnähen. In Schwarz die Augen mit je 3 kleinen Plattstichen aufsticken.

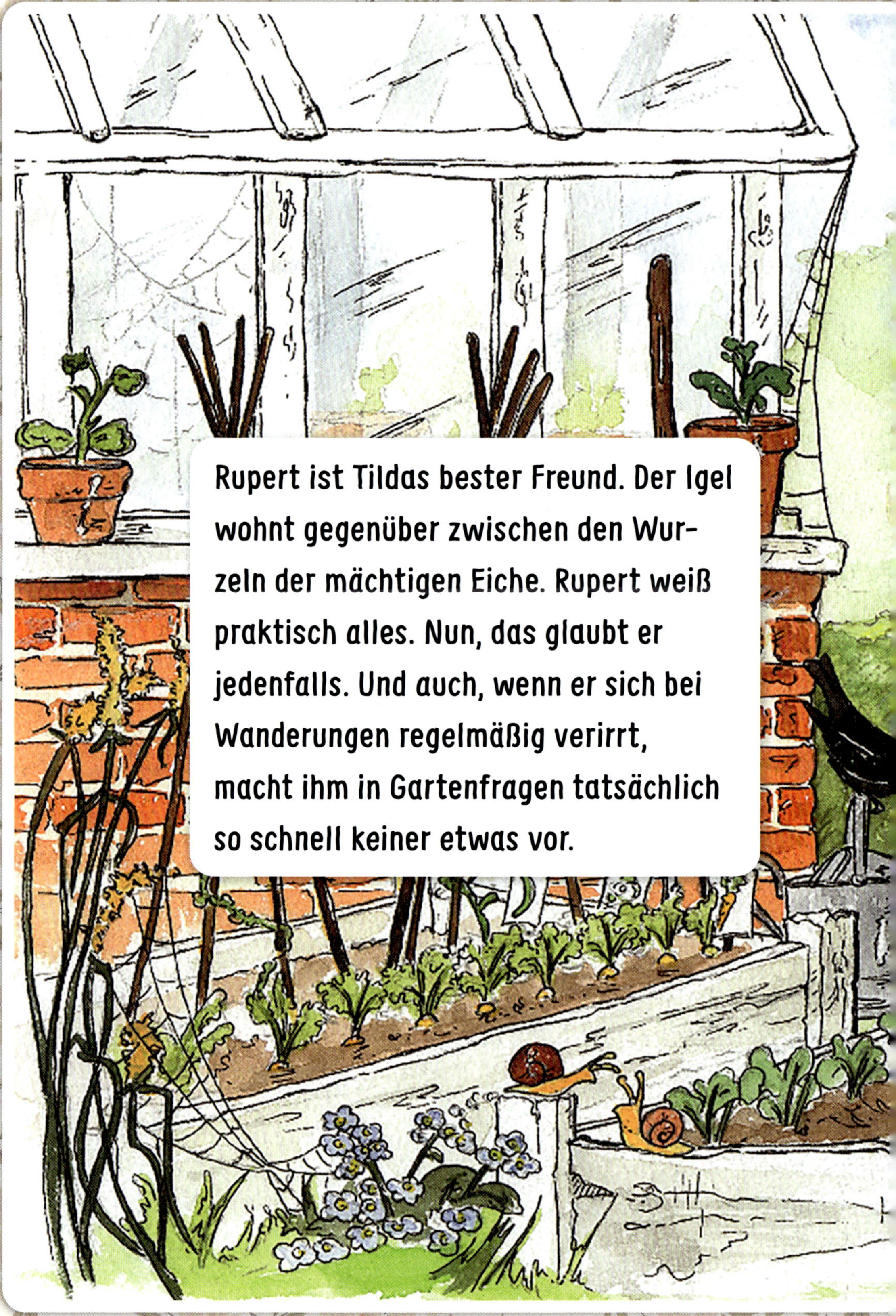

Rupert ist Tildas bester Freund. Der Igel wohnt gegenüber zwischen den Wurzeln der mächtigen Eiche. Rupert weiß praktisch alles. Nun, das glaubt er jedenfalls. Und auch, wenn er sich bei Wanderungen regelmäßig verirrt, macht ihm in Gartenfragen tatsächlich so schnell keiner etwas vor.

Igel Rupert

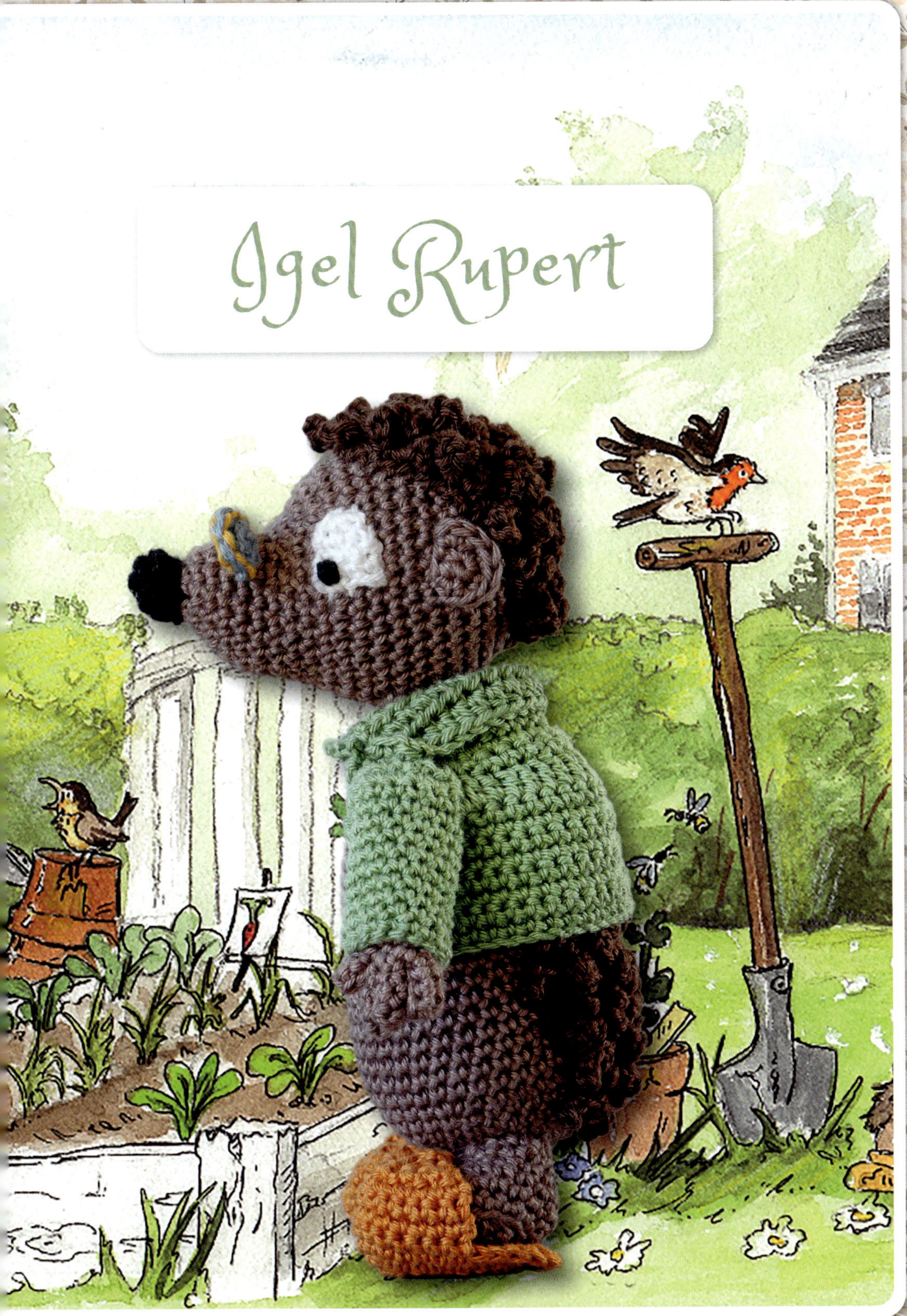

Anleitung

Größe: ca. 18 cm hoch

WIR BENÖTIGEN

- Häkelgarn: Schachenmayr Catania (100 % Baumwolle, Lauflänge ca. 125 m/50g) in den Farben Schwarz 00110, Teddy 00161, Kaffee 00162, Weiß 00106, Denim 00421, Gold 00249, Khaki 00212 und Zimt 00383
  alternativ: anderes Garn in Schwarz, Braun, Dunkelbraun, Weiß, Hellblau, Gold, Grün und Orangebraun
- Häkelnadel Nr. 2,5–3,5 mm
- Füllwatte zum Ausstopfen
- Schere, Nähnadel
- optional Maschenmarkierer und Stecknadeln

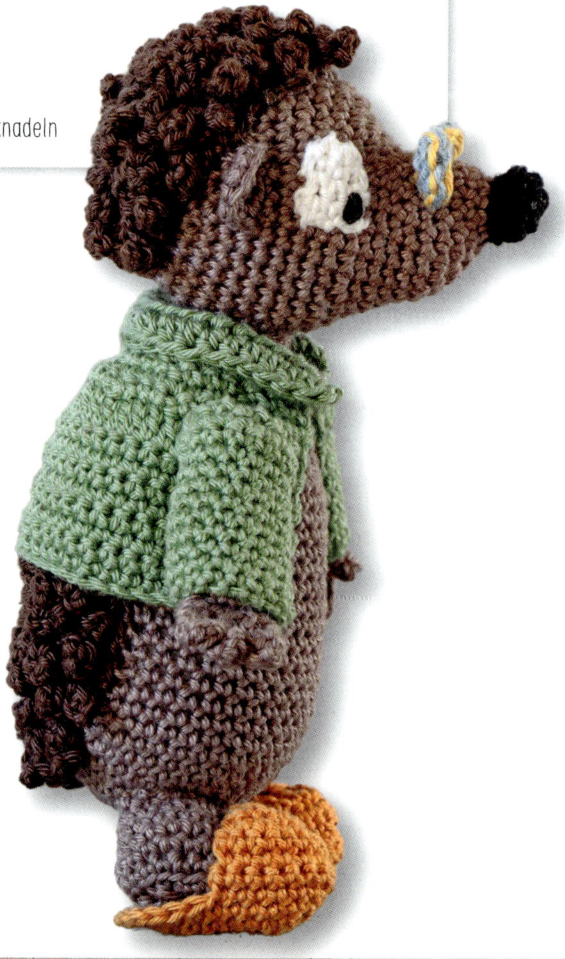

SO GEHT'S

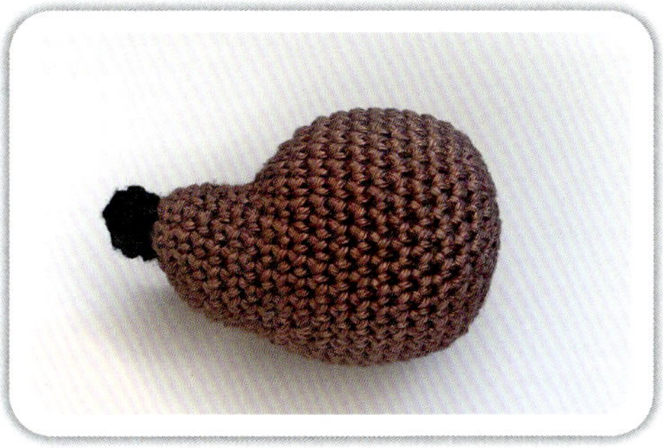

KOPF

Einen Fadenring in Schwarz legen und in Spiralrunden fM häkeln.

1. Rd: 5 fM in den Fadenring

2. Rd: Jede Masche verdoppeln = 10 Maschen

3. Rd: 10 fM

4. Rd: Je 2 Maschen zusammen abmaschen = 5 Maschen

Den Faden abschneiden. Farbwechsel zu Teddy.

5. Rd: Jede Masche verdoppeln = 10 Maschen

6. Rd: 3 fM in 1 Masche, 9 fM = 12 Maschen

7. Rd: 1 Masche verdoppeln, 1 fM, 1 Masche verdoppeln, 9 fM = 14 Maschen

8. Rd: (1 fM, 1 Masche verdoppeln) x2, 10 fM = 16 Maschen

9. Rd: 2 fM, 1 Masche verdoppeln, 1 fM, 1 Masche verdoppeln, 11 fM = 18 Maschen

10. und 11. Rd: 18 fM (2 Rd)

12. Rd: 14 fM, 4 Maschen verdoppeln = 22 Maschen

Die Schnauze mit Füllwatte ausstopfen.

13. Rd: 16 fM, 1 Masche verdoppeln, 2 fM, 1 Masche verdoppeln, 2 fM = 24 Maschen

14. Rd: 7 fM, 2 Maschen verdoppeln, 7 fM, 1 Masche verdoppeln, 1 fM, 2 Maschen verdoppeln, 1 fM, 1 Masche verdoppeln, 2 fM = 30 Maschen

15. Rd: Jede 5. Masche verdoppeln = 36 Maschen

16.–23. Rd: 36 fM (8 Rd)

24. Rd: Jede 5. und 6. Masche zusammen abmaschen = 30 Maschen

25. Rd: Jede 4. und 5. Masche zusammen abmaschen = 24 Maschen

26. Rd: Jede 3. und 4. Masche zusammen abmaschen = 18 Maschen

Den Kopf mit Füllwatte ausstopfen.

27. Rd: Jede 2. und 3. Masche zusammen abmaschen = 12 Maschen

28. Rd: Je 2 Maschen zusammen abmaschen = 6 Maschen

Den Faden lang abschneiden und mit einer Wollnadel durch die Maschen der letzten Rd ziehen. Die Öffnung zusammenziehen, dabei eventuell noch etwas Füllwatte nachlegen. Den Faden vernähen.

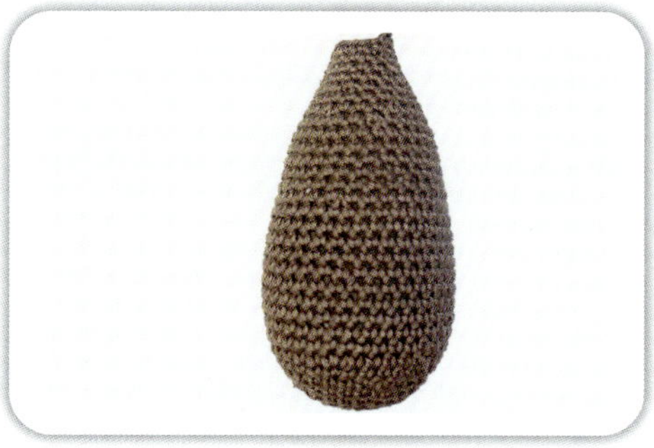

KÖRPER

Einen Fadenring in Teddy legen und in Spiralrunden fM häkeln.

1. Rd: 6 fM in den Fadenring

2. Rd: Jede Masche verdoppeln = 12 Maschen

3. Rd: Jede 2. Masche verdoppeln = 18 Maschen

4. Rd: Jede 3. Masche verdoppeln = 24 Maschen

5. Rd: 24 fM

6. Rd: Jede 4. Masche verdoppeln = 30 Maschen

7. Rd: 30 fM

8. Rd: (1 fM, 1 Masche verdoppeln, 3 fM) x6 = 36 Maschen

9.–18. Rd: 36 fM (10 Rd)

19. Rd: (5 fM, 2 Maschen zusammen abmaschen, 5 fM) x3 = 33 Maschen

20. Rd: Jede 10. und 11. Masche zusammen abmaschen = 30 Maschen

21.–24. Rd: 30 fM (4 Rd)

25. Rd: (4 fM, 2 Maschen zusammen abmaschen, 4 fM) x3 = 27 Maschen

26. Rd: Jede 8. und 9. Masche zusammen abmaschen = 24 Maschen

27. Rd: (3 fM, 2 Maschen zusammen abmaschen, 3 fM) x3 = 21 Maschen

28. Rd: Jede 6. und 7. Masche zusammen abmaschen = 18 Maschen

29. Rd: 18 fM

30. Rd: (2 fM, 2 Maschen zusammen abmaschen, 2 fM) x3 = 15 Maschen

31. Rd: 15 fM

32. Rd: Jede 4. und 5. Masche zusammen abmaschen = 12 Maschen

33. Rd: 12 fM

Den Körper vollständig mit Füllwatte ausstopfen. Den Faden zum späteren Annähen lang abschneiden und durchziehen, noch nicht vernähen.

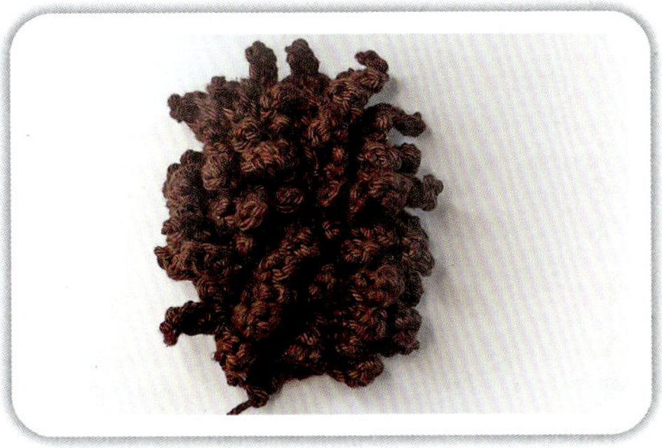

KOPF-STACHELN

In Kaffee 5 Lm anschlagen und in Spiralrunden fM häkeln.

Die Texte in eckigen Klammern entsprechen jeweils einem Stachel. Nach einem Stachel [...] wird normal in die nächste Masche der Rd eingestochen.

Ab der 2. Rd werden die Stacheln der Vor-Rd jeweils vor der Nadel liegen gelassen, sodass diese später vom Häkelstück abstehen. Die Maschenanzahl am Ende der Rd wird ohne die Stacheln gezählt.

1. Rd: 2 fM in die 2. Lm von der Nadel aus, [3 Lm, 1 Kettmasche in die 2. Lm von der Nadel aus, 1 fM], 2 fM, [4 Lm, 1 Kettmasche in die 2. Lm von der Nadel aus, 2 fM], in die letzte Lm: 1 fM verdoppeln, [4 Lm, 1 Kettmasche in die 2. Lm von der Nadel aus, 2 fM] und 1 fM verdoppeln, weiter an der anderen Seite der Lm-Kette in die noch freien Maschenglieder: [3 Lm, 1 Kettmasche in die 2. Lm von der Nadel aus, 1 fM], 2 fM, [4 Lm, 1 Kettmasche in die 2. Lm von der Nadel aus, 2 fM], 1 Masche verdoppeln = 12 Maschen

2. Rd: [3 Lm, 1 Kettmasche in die 2. Lm von der Nadel aus, 1 fM], 1 Masche verdoppeln, [4 Lm, 1 Kettmasche in die 2. Lm von der Nadel aus, 2 fM], 2 fM, [5 Lm, 1 Kettmasche in die 2. Lm von der Nadel aus, 3 fM], 2 fM, [3 Lm, 1 Kettmasche in die 2. Lm von der Nadel aus, 1 fM], 1 Masche verdoppeln, [3 Lm, 1 Kettmasche in die 2. Lm von der Nadel aus, 1 fM], 1 Masche verdoppeln, [5 Lm, 1 Kettmasche in die 2. Lm von der Nadel aus, 3 fM], 2 fM, [4 Lm, 1 Kettmasche in die 2. Lm von der Nadel aus, 2 fM], 2 fM, [4 Lm, 1 Kettmasche in die 2. Lm von der Nadel aus, 2 fM], 1 Masche verdoppeln = 16 Maschen

3. Rd: 1 Masche verdoppeln, [5 Lm, 1 Kettmasche in die 2. Lm von der Nadel aus, 3 fM], 2 fM, [4 Lm, 1 Kettmasche in die 2. Lm von der Nadel aus, 2 fM], 2 fM, [4 Lm, 1 Kettmasche in die 2. Lm von der Nadel aus, 2 fM], 2 fM, [5 Lm, 1 Kettmasche in die 2. Lm von der Nadel aus, 3 fM], 2 Maschen verdoppeln, [4 Lm, 1 Kettmasche in die 2. Lm von der Nadel aus, 2 fM], 2 fM, [5 Lm, 1 Kettmasche in die 2. Lm von der Nadel aus, 3 fM], 2 fM, [3 Lm, 1 Kettmasche in die 2. Lm von der Nadel aus, 1 fM], 2 fM, [4 Lm, 1 Kettmasche in die 2. Lm von der Nadel aus, 2 fM], 1 Masche verdoppeln = 20 Maschen

4. Rd: 1 Masche verdoppeln, [4 Lm, 1 Kettmasche in die 2. Lm von der Nadel aus, 2 fM], 2 fM, [3 Lm, 1 Kettmasche in die 2. Lm von der Nadel aus, 1 fM], 2 fM, [6 Lm, 1 Kettmasche in die 2. Lm von der Nadel aus, 4 fM], 2 fM, [4 Lm, 1 Kettmasche in die 2. Lm von der Nadel aus, 2 fM], 2 fM, [5 Lm, 1 Kettmasche in die 2. Lm von der Nadel aus, 3 fM], 1 Masche verdoppeln, [4 Lm, 1 Kettmasche in die 2. Lm von der Nadel aus, 2 fM], 1 Masche verdoppeln, [5 Lm, 1 Kettmasche in die 2. Lm von der Nadel aus, 3 fM], 2 fM, [3 Lm, 1 Kettmasche in die 2. Lm von der Nadel aus, 1 fM], 2 fM, [4 Lm, 1 Kettmasche in die 2. Lm von der Nadel aus, 2 fM], 2 fM, [5 Lm, 1 Kettmasche in die 2. Lm von der Nadel aus, 3 fM], 2 fM, [5 Lm, 1 Kettmasche in die 2. Lm von der Nadel aus, 3 fM], 1 Masche verdoppeln = 24 Maschen

5. Rd: [4 Lm, 1 Kettmasche in die 2. Lm von der Nadel aus, 2 fM], 1 Masche verdoppeln, [3 Lm, 1 Kettmasche in die 2. Lm von der Nadel aus, 1 fM], 2 fM, [5 Lm, 1 Kettmasche in die 2. Lm von der Nadel aus, 3 fM], 2 fM, [4 Lm, 1 Kettmasche in die 2. Lm von der Nadel aus, 2 fM], 2 fM, [5 Lm, 1 Kettmasche in die 2. Lm von der Nadel aus, 3 fM], 2 fM, [3 Lm, 1 Kettmasche in die 2. Lm von der Nadel aus, 1 fM], 2 fM, [4 Lm, 1 Kettmasche in die 2. Lm von der Nadel aus, 2 fM], 2 Maschen verdoppeln, [3 Lm, 1 Kettmasche in die 2. Lm von der Nadel aus, 1 fM], 2 fM, [6 Lm, 1 Kettmasche in die 2. Lm von der Nadel aus, 4 fM], 2 fM, [5 Lm, 1 Kettmasche in die 2. Lm von der Nadel aus, 3 fM], 2 fM, [5 Lm, 1 Kettmasche in die 2. Lm von der Nadel aus, 3 fM], 2 fM, [3 Lm, 1 Kettmasche in die 2. Lm von der Nadel aus, 1 fM], 2 fM, [5 Lm, 1 Kettmasche in die 2. Lm von der Nadel aus, 3 fM], 1 Masche verdoppeln = 28 Maschen

6. Rd: 1 Masche verdoppeln, [5 Lm, 1 Kettmasche in die 2. Lm von der Nadel aus, 3 fM], 2 fM, [4 Lm, 1 Kettmasche in die 2. Lm von der Nadel aus, 2 fM], 2 fM, [4 Lm, 1 Kettmasche in die 2. Lm von der Nadel aus, 2 fM], 2 fM, [3 Lm, 1 Kettmasche in die 2. Lm von der Nadel aus, 1 fM], 2 fM, [4 Lm, 1 Kettmasche in die 2. Lm von der Nadel aus, 2 fM], 2 fM, [5 Lm, 1 Kettmasche in die 2. Lm von der Nadel aus, 3 fM], 2 fM, [6 Lm, 1 Kettmasche in die 2. Lm von der Nadel aus, 4 fM], 1 Masche verdoppeln, [4 Lm, 1 Kettmasche in die 2. Lm von der Nadel aus, 2 fM], 1 Masche verdoppeln, [5 Lm, 1 Kettmasche in die 2. Lm von der Nadel aus, 3 fM], 2 fM, [4 Lm, 1 Kettmasche in die 2. Lm von der Nadel aus, 2 fM], 2 fM, [3 Lm, 1 Kettmasche in die 2. Lm von der Nadel aus, 1 fM], 2 fM, [5 Lm, 1 Kettmasche in die 2. Lm von der Nadel aus, 3 fM], 2 fM, [4 Lm, 1 Kettmasche in die 2. Lm von der Nadel aus, 2 fM], 2 fM, [5 Lm, 1 Kettmasche in die 2. Lm von der Nadel aus, 3 fM], 2 fM, [3 Lm, 1 Kettmasche in die 2. Lm von der Nadel aus, 1 fM], 1 Masche verdoppeln = 32 Maschen

7. Rd: (1 Masche verdoppeln, 4 fM, 1 Masche verdoppeln, 4 fM, 1 Masche verdoppeln, 4 fM, 1 Masche verdoppeln) x2 = 40 Maschen

Den Faden zum späteren Aufnähen lang abschneiden und durchziehen, noch nicht vernähen.

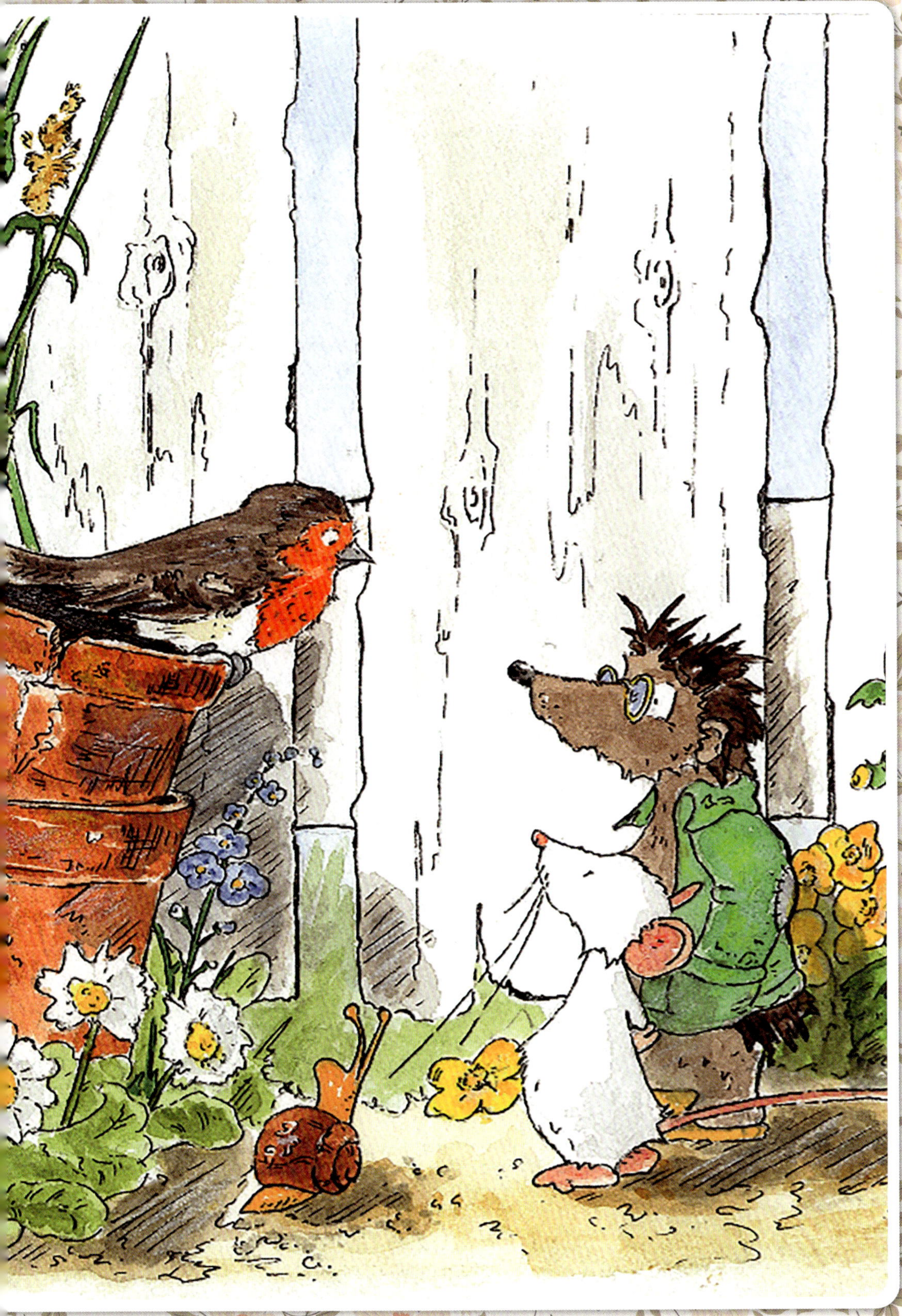

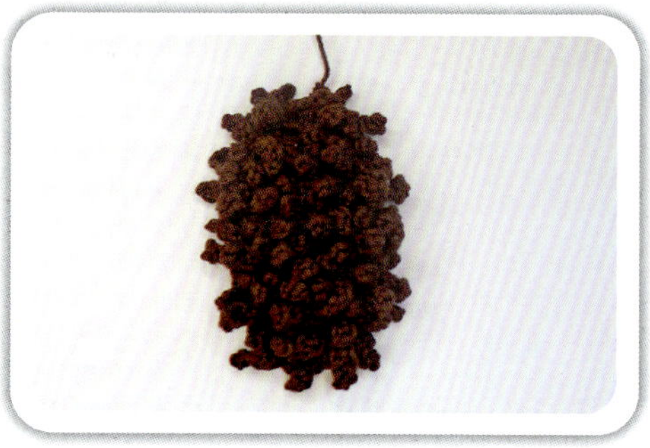

RÜCKEN-STACHELN

In Kaffee 9 Lm anschlagen und in Spiralrunden fM häkeln.

Die Texte in eckigen Klammern entsprechen jeweils einem Stachel. Nach einem Stachel [...] wird normal in die nächste Masche der Rd eingestochen.

Ab der 2. Rd werden die Stacheln der Vor-Rd jeweils vor der Nadel liegen gelassen, sodass diese später vom Häkelstück abstehen. Die Maschenanzahl am Ende der Rd wird ohne die Stacheln gezählt.

1. Rd: 2 fM in die 2. Lm von der Nadel aus,, [3 Lm, 1 Kettmasche in die 2. Lm von der Nadel aus, 1 fM], 2 fM, [4 Lm, 1 Kettmasche in die 2. Lm von der Nadel aus, 2 fM],

2 fM, [3 Lm, 1 Kettmasche in die 2. Lm von der Nadel aus, 1 fM], 2 fM, [4 Lm, 1 Kettmasche in die 2. Lm von der Nadel aus, 2 fM], in die letzte Lm: 1 fM verdoppeln, [4 Lm, 1 Kettmasche in die 2. Lm von der Nadel aus, 2 fM] und 1 fM verdoppeln, weiter an der anderen Seite der Lm-Kette in die noch freien Maschenglieder: [3 Lm, 1 Kettmasche in die 2. Lm von der Nadel aus, 1 fM], 2 fM, [5 Lm, 1 Kettmasche in die 2. Lm von der Nadel aus, 3 fM], 2 fM, [3 Lm, 1 Kettmasche in die 2. Lm von der Nadel aus, 1 fM], 2 fM, [4 Lm, 1 Kettmasche in die 2. Lm von der Nadel aus, 2 fM], 1 Masche verdoppeln = 20 Maschen

2. Rd: [4 Lm, 1 Kettmasche in die 2. Lm von der Nadel aus, 2 fM], 1 Masche verdoppeln, [5 Lm, 1 Kettmasche in die 2. Lm von der Nadel aus, 3 fM], 2 fM, [3 Lm, 1 Kettmasche in die 2. Lm von der Nadel aus, 1 fM], 2 fM, [4 Lm, 1 Kettmasche in die 2. Lm von der Nadel aus, 2 fM], 2 fM, [5 Lm, 1 Kettmasche in die 2. Lm von der Nadel aus, 3 fM], 2 fM, [4 Lm, 1 Kettmasche in die 2. Lm von der Nadel aus, 2 fM], 1 Masche verdoppeln, [3 Lm, 1 Kettmasche in die 2. Lm von der Nadel aus, 1 fM], 1 Masche verdoppeln, [5 Lm, 1 Kettmasche in die 2. Lm von der Nadel aus, 3 fM], 2 fM, [4 Lm, 1 Kettmasche in die 2. Lm von der Nadel aus, 2 fM], 2 fM, [4 Lm, 1 Kettmasche in die 2. Lm von der Nadel aus, 2 fM], 2 fM, [5 Lm, 1 Kettmasche in die 2. Lm von der Nadel aus, 3 fM], 2 fM, [3 Lm, 1 Kettmasche in die 2. Lm von der Nadel aus, 1 fM], 1 Masche verdoppeln = 24 Maschen

3. Rd: 1 Masche verdoppeln, [3 Lm, 1 Kettmasche in die 2. Lm von der Nadel aus, 1 fM], 2 fM, [4 Lm, 1 Kettmasche in die 2. Lm von der Nadel aus, 2 fM], 2 fM, [4 Lm, 1 Kettmasche in die 2. Lm von der Nadel aus, 2 fM], 2 fM, [5 Lm, 1 Kettmasche in die 2. Lm von der Nadel aus, 3 fM], 2 fM, [3 Lm, 1 Kettmasche in die 2. Lm von der Nadel aus, 1 fM], 2 fM, [5 Lm, 1 Kettmasche in die 2. Lm von der Nadel aus, 3 fM], 2 Maschen verdoppeln, [4 Lm, 1 Kettmasche in die 2. Lm von der Nadel aus, 2 fM], 2 fM, [4 Lm, 1 Kettmasche in die 2. Lm von der Nadel aus, 2 fM], 2 fM, [5 Lm, 1 Kettmasche in die 2. Lm von der Nadel aus, 3 fM], 2 fM, [3 Lm, 1 Kettmasche in die 2. Lm von der Nadel aus, 1 fM], 2 fM, [5 Lm, 1 Kettmasche in die 2. Lm von der Nadel aus, 3 fM], 2 fM, [4 Lm, 1 Kettmasche in die 2. Lm von der Nadel aus, 2 fM], 1 Masche verdoppeln = 28 Maschen

4. Rd: *1* Masche verdoppeln, [6 Lm, *1* Kettmasche in die 2. Lm von der Nadel aus, 4 fM], 2 fM, [4 Lm, *1* Kettmasche in die 2. Lm von der Nadel aus, 2 fM], 2 fM, [5 Lm, *1* Kettmasche in die 2. Lm von der Nadel aus, 3 fM], 2 fM, [3 Lm, *1* Kettmasche in die 2. Lm von der Nadel aus, *1* fM], 2 fM, [6 Lm, *1* Kettmasche in die 2. Lm von der Nadel aus, 4 fM], 2 fM, [4 Lm, *1* Kettmasche in die 2. Lm von der Nadel aus, 2 fM], 2 fM, [3 Lm, *1* Kettmasche in die 2. Lm von der Nadel aus, 1 fM], *1* Masche verdoppeln, [5 Lm, *1* Kettmasche in die 2. Lm von der Nadel aus, 3 fM], *1* Masche verdoppeln, [4 Lm, *1* Kettmasche in die 2. Lm von der Nadel aus, 2 fM], 2 fM, [5 Lm, *1* Kettmasche in die 2. Lm von der Nadel aus, 3 fM], 2 fM, [3 Lm, *1* Kettmasche in die 2. Lm von der Nadel aus, *1* fM], 2 fM, [4 Lm, *1* Kettmasche in die 2. Lm von der Nadel aus, 2 fM], 2 fM, [6 Lm, *1* Kettmasche in die 2. Lm von der Nadel aus, 4 fM], 2 fM, [4 Lm, *1* Kettmasche in die 2. Lm von der Nadel aus, 2 fM], 2 fM, [5 Lm, *1* Kettmasche in die 2. Lm von der Nadel aus, 3 fM], *1* Masche verdoppeln = 32 Maschen

5. Rd: [3 Lm, *1* Kettmasche in die 2. Lm von der Nadel aus, 1 fM], *1* Masche verdoppeln, [4 Lm, *1* Kettmasche in die 2. Lm von der Nadel aus, 2 fM], 2 fM, [5 Lm, *1* Kettmasche in die 2. Lm von der Nadel aus, 3 fM], 2 fM, [3 Lm, *1* Kettmasche in die 2. Lm von der Nadel aus, *1* fM], 2 fM, [5 Lm, *1* Kettmasche in die 2. Lm von der Nadel aus, 3 fM], 2 fM, [4 Lm, *1* Kettmasche in die 2. Lm von der Nadel aus, 2 fM], 2 fM, [3 Lm, *1* Kettmasche in die 2. Lm von der Nadel aus, 1 fM], 2 fM, [6 Lm, *1* Kettmasche in die 2. Lm von der Nadel aus, 4 fM], 2 fM, [4 Lm, *1* Kettmasche in die 2. Lm von der Nadel aus, 2 fM], 2 Maschen verdoppeln, [5 Lm, *1* Kettmasche in die 2. Lm von der Nadel aus, 3 fM], 2 fM, [4 Lm, *1* Kettmasche in die 2. Lm von der Nadel aus, 2 fM], 2 fM, [5 Lm, *1* Kettmasche in die 2. Lm von der Nadel aus, 3 fM], 2 fM, [6 Lm, *1* Kettmasche in die 2. Lm von der Nadel aus, 4 fM], 2 fM, [3 Lm, *1* Kettmasche in die 2. Lm von der Nadel aus, *1* fM], 2 fM, [5 Lm, *1* Kettmasche in die 2. Lm von der Nadel aus, 3 fM], 2 fM, [3 Lm, *1* Kettmasche in die 2. Lm von der Nadel aus, *1* fM], 2 fM, [4 Lm, *1* Kettmasche in die 2. Lm von der Nadel aus, 2 fM], *1* Masche verdoppeln = 36 Maschen

6. Rd: *1* Masche verdoppeln, [5 Lm, *1* Kettmasche in die 2. Lm von der Nadel aus, 3 fM], 2 fM, [3 Lm, *1* Kettmasche in die 2. Lm von der Nadel aus, *1* fM], 2 fM, [4 Lm, *1* Kettmasche in die 2. Lm von der Nadel aus, 2 fM], 2 fM, [4 Lm, *1* Kettmasche in die 2. Lm von der Nadel aus, 2 fM], 2 fM, [3 Lm, *1* Kettmasche in die 2. Lm von der Nadel aus, *1* fM], 2 fM, [5 Lm, *1* Kettmasche in die 2. Lm von der Nadel aus, 3 fM], 2 fM, [4 Lm, *1* Kettmasche in die 2. Lm von der Nadel aus, 2 fM], 2 fM, [4 Lm, *1* Kettmasche in die 2. Lm von der Nadel aus, 2 fM], 2 fM, [6 Lm, *1* Kettmasche in die 2. Lm von der Nadel aus, 4 fM], *1* Masche verdoppeln, [4 Lm, *1* Kettmasche in die 2. Lm von der Nadel aus, 2 fM], *1* Masche verdoppeln, [3 Lm, *1* Kettmasche in die 2. Lm von der Nadcl aus, *1* fM], 2 fM, [5 Lm, *1* Kettmasche in die 2. Lm von der Nadel aus, 3 fM], 2 fM, [4 Lm, *1* Kettmasche in die 2. Lm von der Nadel aus, 2 fM], 2 fM, [3 Lm, *1* Kettmasche in die 2. Lm von der Nadel aus, *1* fM], 2 fM, [4 Lm, *1* Kettmasche in die 2. Lm von der Nadel aus, 2 fM], 2 fM, [6 Lm, *1* Kettmasche in die 2. Lm von der Nadel aus, 4 fM], 2 fM, [4 Lm, *1* Kettmasche in die 2. Lm von der Nadel aus, 2 fM], 2 fM, [5 Lm, *1* Kettmasche in die 2. Lm von der Nadel aus, 3 fM], 2 fM, [3 Lm, *1* Kettmasche in die 2. Lm von der Nadel aus, *1* fM], *1* Masche verdoppeln = 40 Maschen

7. Rd: (*1* Masche verdoppeln, 5 fM, *1* Masche verdoppeln, 6 fM, *1* Masche verdoppeln, 5 fM, *1* Masche verdoppeln) x2 = 48 Maschen

Den Faden zum späteren Aufnähen lang abschneiden und durchziehen, noch nicht vernähen.

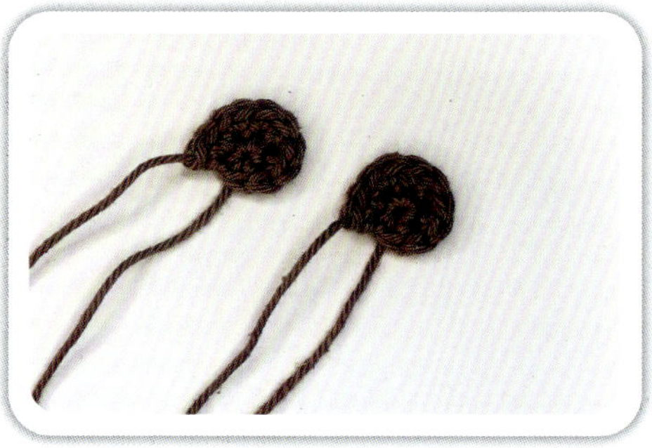

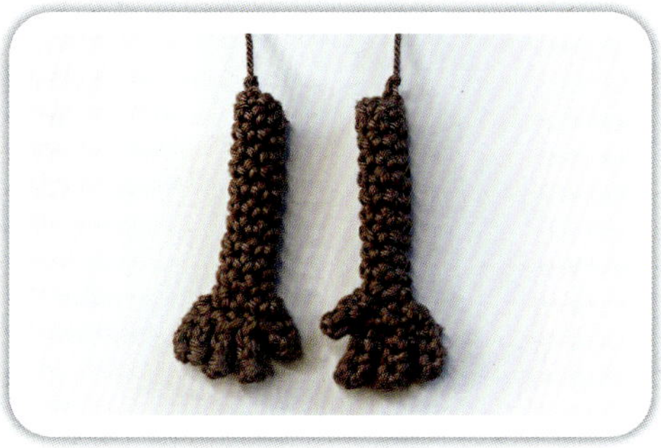

OHREN (2X HÄKELN)

Einen Fadenring in Teddy legen und in Spiralrunden fM häkeln.

1. Rd: 5 fM in den Fadenring

2. Rd: Jede Masche verdoppeln = 10 Maschen

Den Faden zum späteren Annähen lang abschneiden und durchziehen, noch nicht vernähen.

ARME (2X HÄKELN)

Mit einem langen Anfangsfaden in Teddy 6 Lm anschlagen und in Spiralrunden fM häkeln.

1. Rd: Die Lm-Kette zu einem Kreis legen. Je 1 fM in die 1. - 6. Lm, es entsteht eine Rd = 6 Maschen

2.–11. Rd: 6 fM (10 Rd)

12. Rd: 2 fM, 3 Lm, 1 fM in die 2. Lm von der Nadel aus, 1 fM, 4 fM am Arm

13. Rd: 2 fM, 2 fM entlang der Lm, 1 Wendeluftmasche, die beiden Seiten des Arms flach aufeinanderlegen und jeweils durch zwei gegenüberliegende Maschen einstechen: 2 Kettmaschen. Es entsteht der Daumen. Weiter die restlichen Finger häkeln, dabei wie gewohnt in nur 1 Masche einstechen:

(4 Lm, 1 fM in die 2. Lm von der Nadel aus, 2 fM, 1 Kettmasche in die nächste Masche am Arm) x3,
1 Wendeluftmasche,
(3 fM in die letzten 3 Maschen des nächsten Fingers, 1 Wendeluftmasche, den Finger flach aufeinanderlegen und durch jeweils zwei gegenüberliegende Maschen einstechen: 3 Kettmaschen, 1 Kettmasche in die nächste Masche am Arm) x3

Den Faden abschneiden und durchziehen. Den Endfaden vernähen, der Anfangsfaden wird später zum Annähen genutzt. Optional den Arm leicht ausstopfen.

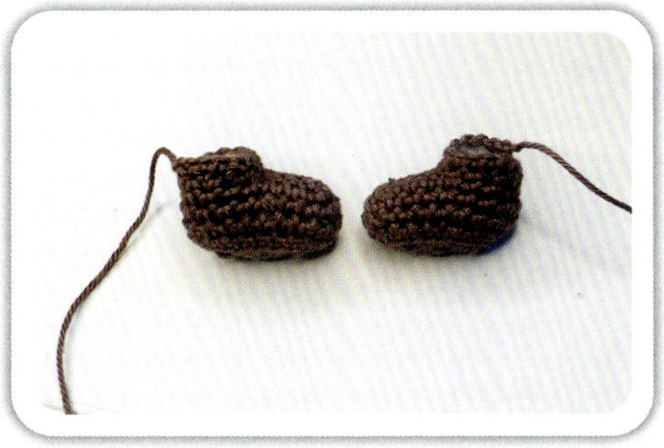

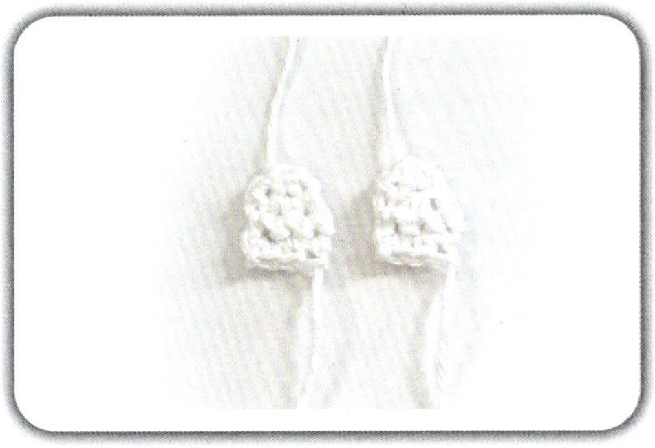

FÜSSE (2X HÄKELN)

Mit einem langen Anfangsfaden in Teddy 12 Lm anschlagen und in Spiralrunden fM häkeln.

1. Rd: Die Lm-Kette zu einem Kreis legen. Je 1 fM in die 1. - 12. Lm, es entsteht eine Rd = 12 Maschen

2. Rd: 2 fM, 2 Maschen zusammen abmaschen, 2 fM, 5 Lm, 1 fM in die 2. Lm von der Nadel aus, 3 fM, weiterhäkeln ab der nächsten Masche der Rd: 2 fM, 2 Maschen zusammen abmaschen, 2 fM

3. Rd: 5 fM, entlang der Lm-Kette: 3 fM, 1 Masche verdoppeln, entlang der 4 fM zurück zur Rd: 1 Masche verdoppeln, 3 fM, 5 fM = 20 Maschen

4. Rd: (1 Masche verdoppeln, 8 fM, 1 Masche verdoppeln) x2 = 24 Maschen

5. und 6. Rd: 24 fM (2 Rd)

7. Rd: nur in die hinteren Maschenglieder einstechen: (3 Maschen zusammen abmaschen) x2, 3 fM, (3 Maschen zusammen abmaschen) x3, 3 fM, 3 Maschen zusammen abmaschen = 12 Maschen

8. Rd: wieder in beide Maschenglieder einstechen: Je 2 Maschen zusammen abmaschen = 6 Maschen

Den Faden abschneiden, durchziehen und vernähen. Füße mit Füllwatte ausstopfen.

AUGEN (2X HÄKELN)

Einen Fadenring in Weiß legen und in R fM häkeln.

1. R: 3 fM in den Fadenring, 1 Wendeluftmasche

2. R: 3 fM, 1 Wendeluftmasche

3. R: 3 fM, 1 Wendeluftmasche

4. R: 3 fM

Den Faden zum späteren Aufnähen lang abschneiden und durchziehen, noch nicht vernähen.

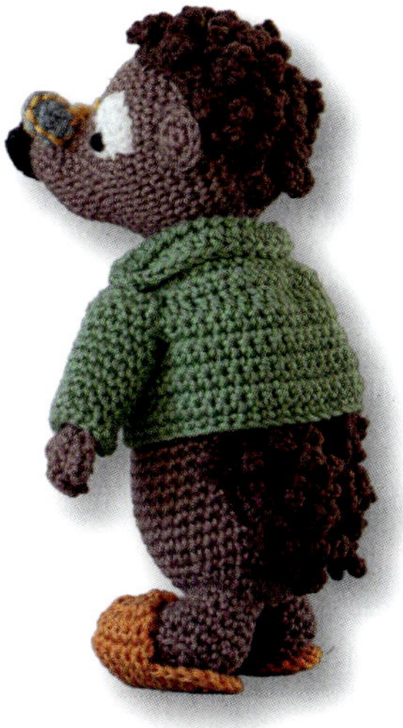

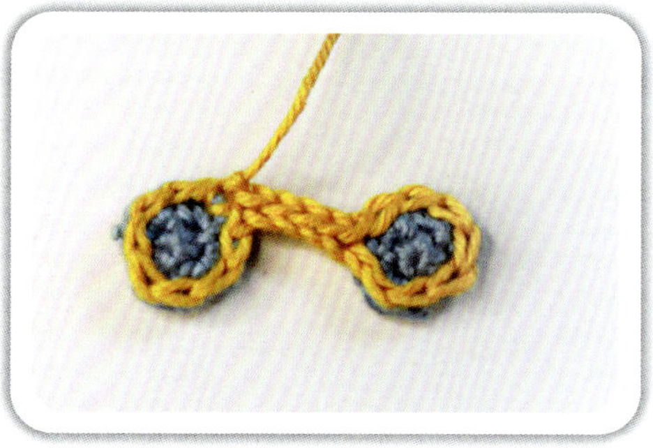

BRILLENGLÄSER (2X HÄKELN)

Einen Fadenring in Denim legen und in Spiralrunden fM häkeln

1. Rd: 4 fM in den Fadenring

2. Rd: Jede Masche verdoppeln = 8 Maschen, 1 Kettmasche in die 1. Masche der Rd

Den Faden abschneiden, durchziehen und vernähen.

BRILLENGESTELL

In Gold an einer beliebigen Masche eines Glases neu anschlingen.

In die 8 Maschen vom 1. Glas häkeln: 8 Kettmaschen, 5 Lm, 1 Kettmasche in eine beliebige Masche vom 2. Glas, 7 Kettmaschen rundum das 2. Glas, entlang der 5 Lm zurück häkeln: 5 Kettmaschen, 1 Kettmasche in die Anfangsmasche.

Den Faden zum späteren Annähen lang abschneiden und durchziehen, noch nicht vernähen. Den goldfarbenen Anfangsfaden vernähen.

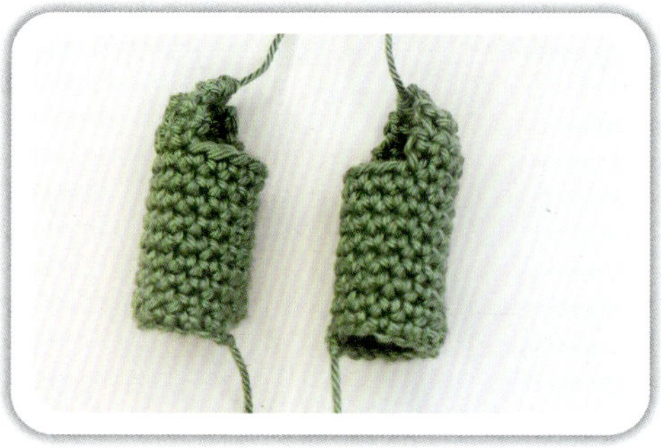

JACKENÄRMEL (2X HÄKELN)

In Khaki 14 Lm anschlagen und in Spiralrunden fM häkeln.

1. Rd: Die Lm-Kette zu einem Kreis legen. Je 1 fM in die 1. - 14. Lm, es entsteht eine Rd = 14 Maschen

2.–9. Rd: 14 fM (8 Rd), 1 Wendeluftmasche, für die Schulter in R weiter häkeln:

1. und 2. R: 8 fM, 1 Wendeluftmasche

3. R: 2 Maschen zusammen abmaschen, 2 fM, 2 Maschen zusammen abmaschen = 4 Maschen

4. R: Je 2 Maschen zusammen abmaschen = 2 Maschen

5. R: 2 Maschen zusammen abmaschen = 1 Masche

Den Faden zum späteren Annähen lang abschneiden und durchziehen, noch nicht vernähen.

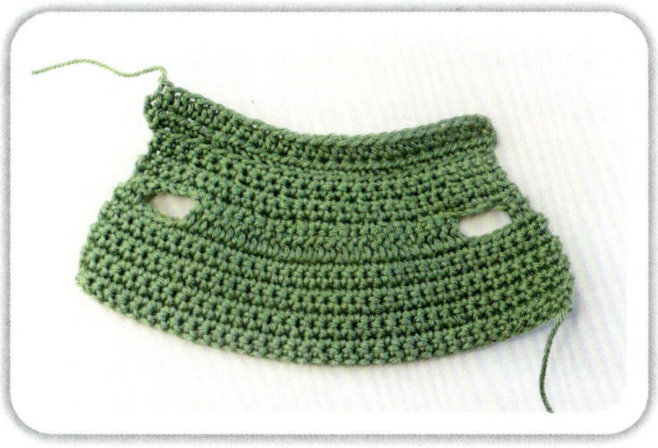

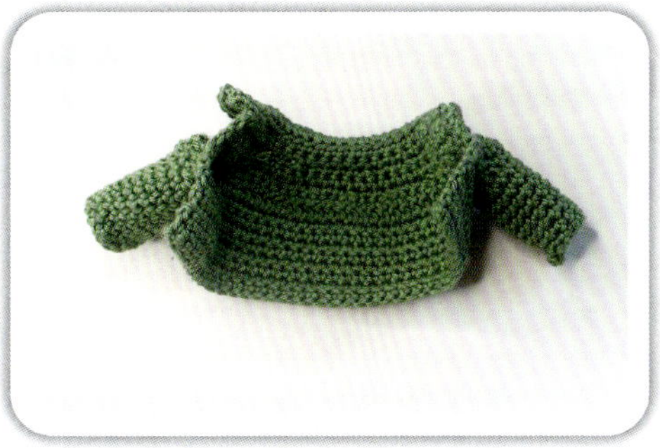

JACKE

In Khaki 37 Lm anschlagen und in R fM häkeln.

1. R: 1 fM in die 2. Lm von der Nadel aus, 35 fM = 36 Maschen, 1 Wendeluftmasche

2.–8. R: 36 fM, 1 Wendeluftmasche (7 R)

9. R: 2 Stb, 4 Lm, die nächsten 4 Maschen überspringen, 24 Stb, 4 Lm, die nächsten 4 Maschen überspringen, 2 Stb = 28 Maschen + 8 Luftmaschen, 1 Wendeluftmasche

10. R: 2 fM, je 1 fM in die 4 Lm, (1 fM, 2 Maschen zusammen abmaschen, 1 fM) x6, je 1 fM in die 4 Lm, 2 fM = 30 Maschen, 1 Wendeluftmasche

11. R: 30 fM, 1 Wendeluftmasche

12. R: 3 fM, 2 Maschen zusammen abmaschen, (2 fM, 2 Maschen zusammen abmaschen) x2, 4 fM, (2 Maschen zusammen abmaschen, 2 fM) x2, 2 Maschen zusammen abmaschen, 3 fM = 24 Maschen, 1 Wendeluftmasche

13. und 14. R: 24 fM, 1 Wendeluftmasche (2 R)

15. R: nur in die vorderen Maschenglieder einstechen: 2 hStb in die 1. fM, 22 hStb, 2 hStb in die letzte fM = 26 Maschen, 1 Wendeluftmasche

16. R: wieder in beide Maschenglieder einstechen: 26 hStb

Den Faden abschneiden, durchziehen und vernähen.

Fertigstellen

Die beiden Ärmel jeweils mit der Schulter in die Armausschnitte der Jacke nähen, . Beim Annähen darauf achten, dass der Übergang von der Jacke zum Ärmel nicht zu eng wird, damit die Jacke über Hände und Arme gezogen werden kann. Anschließend alle Fäden vernähen.

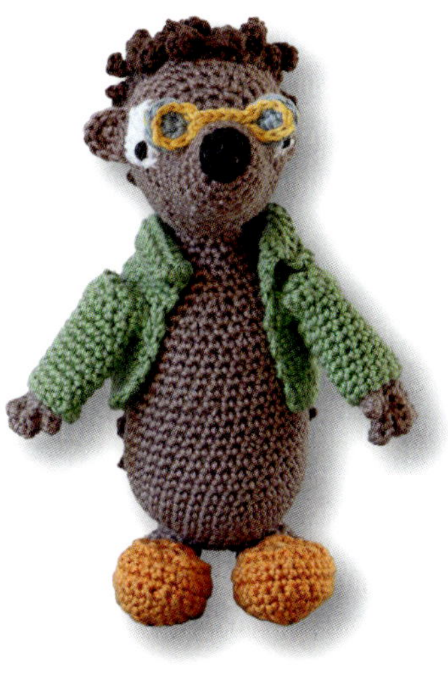

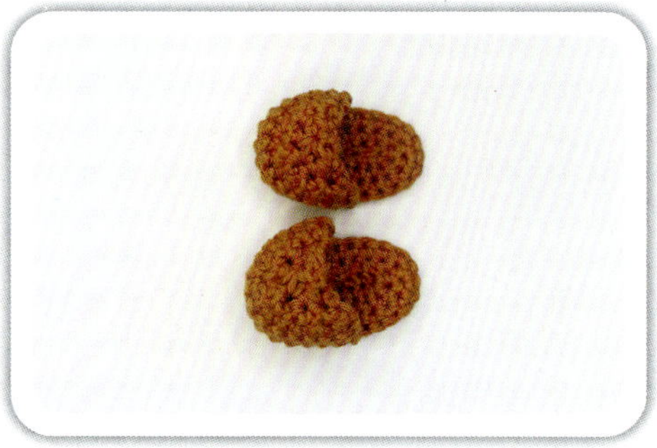

SCHUHE (2X HÄKELN)

In Zimt 8 Lm anschlagen und in Spiralrunden fM häkeln.

1. Rd: 2 fM in die 2. Lm von der Nadel aus, entlang der Lm-Kette häkeln: 5 fM, 4 fM in die letzte Lm, weiter an der anderen Seite der Lm-Kette in die noch freien Maschenglieder: 5 fM, 2 fM in die letzte Lm = 18 Maschen

2. Rd: (1 Masche verdoppeln, 7 fM, 1 Masche verdoppeln) x2 = 22 Maschen

3. Rd: (1 Masche verdoppeln, 9 fM, 1 Masche verdoppeln) x2 = 26 Maschen

Den Schuh in R fertig häkeln.

1. R: 8 fM, 1 Wendeluftmasche

2.–5. R: 16 fM, 1 Wendeluftmasche (4 R)

6. R: (2 Maschen zusammen abmaschen) x2, 3 Maschen zusammen abmaschen, 2 M zusammen abmaschen, 3 M zusammen abmaschen (2 Maschen zusammen abmaschen) x2 = 7 Maschen, 1 Wendeluftmasche

7. R: 2 Maschen zusammen abmaschen, 3 Maschen zusammen abmaschen, 2 Maschen zusammen abmaschen = 3 Maschen, 1 Wendeluftmasche

8. R: 3 Maschen zusammen abmaschen = 1 Masche

Den Faden abschneiden und durchziehen. Alle Fäden vernähen.

Fertigstellen

Den Körper mit dem Endfaden unten am Kopf annähen. Die Arme zwischen der 25. und 26. Rd beidseitig an den Körper nähen, dabei darauf achten, dass die Daumen nach vorne zeigen. Füße in der unteren Körpermitte festnähen. Die Rücken- und Kopfstacheln entsprechend am Kopf sowie an der Körperrückseite positionieren und entlang der Außenkanten aufnähen. Die Ohren knapp unterhalb der Stacheln zwischen der 20. und 21. Rd beidseitig am Kopf befestigen. Die Brille zwischen der 8. und 9. Rd mittig auf der Nase anbringen. Die Augenflecke ca. auf Höhe der Ohren anbringen und in Schwarz die Augen mit je 3 kleinen Plattstichen aufsticken. Jacke und Schuhe anziehen.

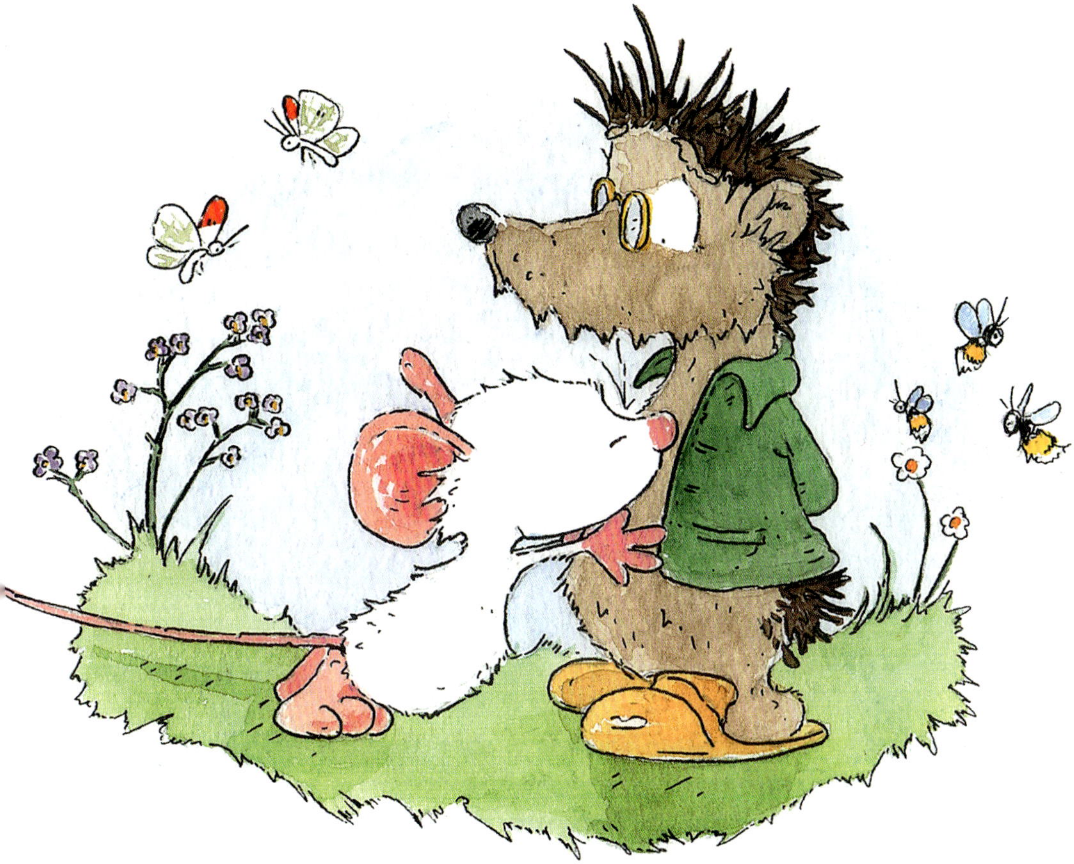

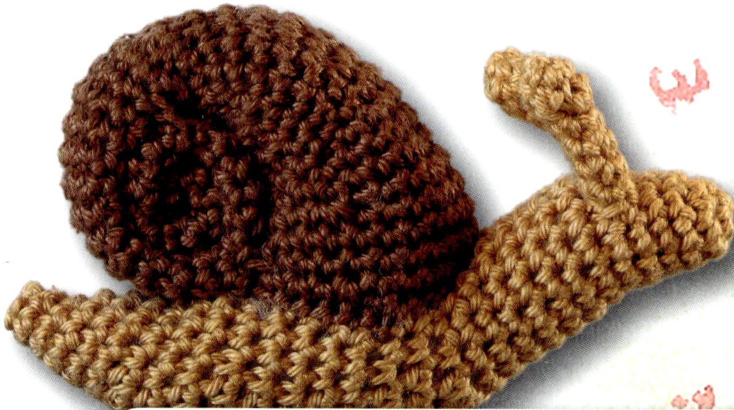

Schnecki wohnt bei Tilda, seit sie ihn in einer kalten Winternacht vor dem bitteren Frost rettete. Er ist der ruhigste Hausgenosse überhaupt. Solange er nicht an einer Möhre raspelt.

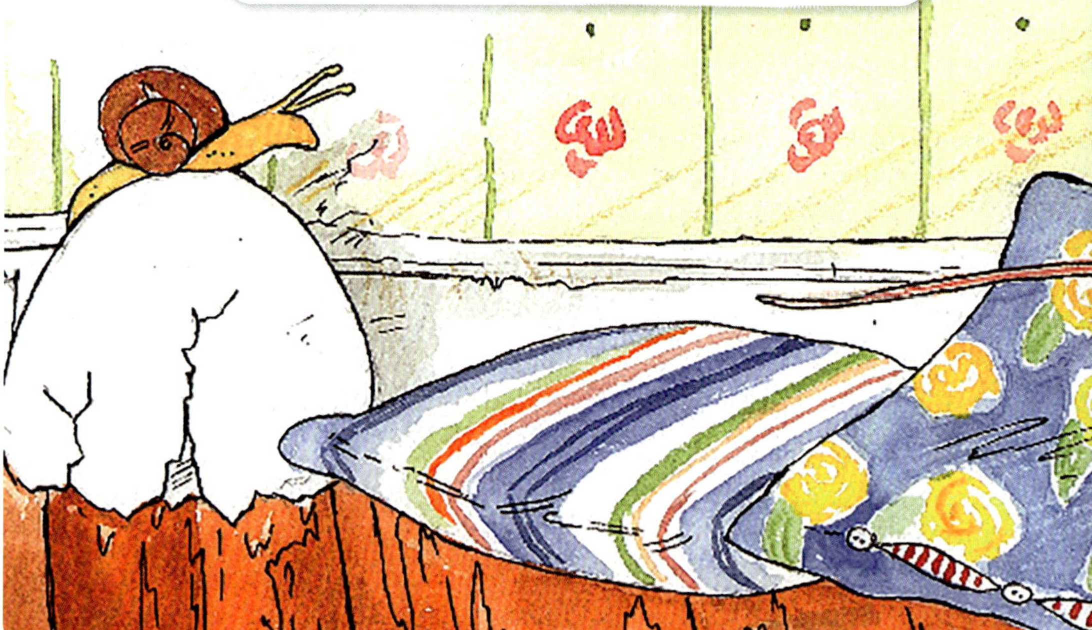

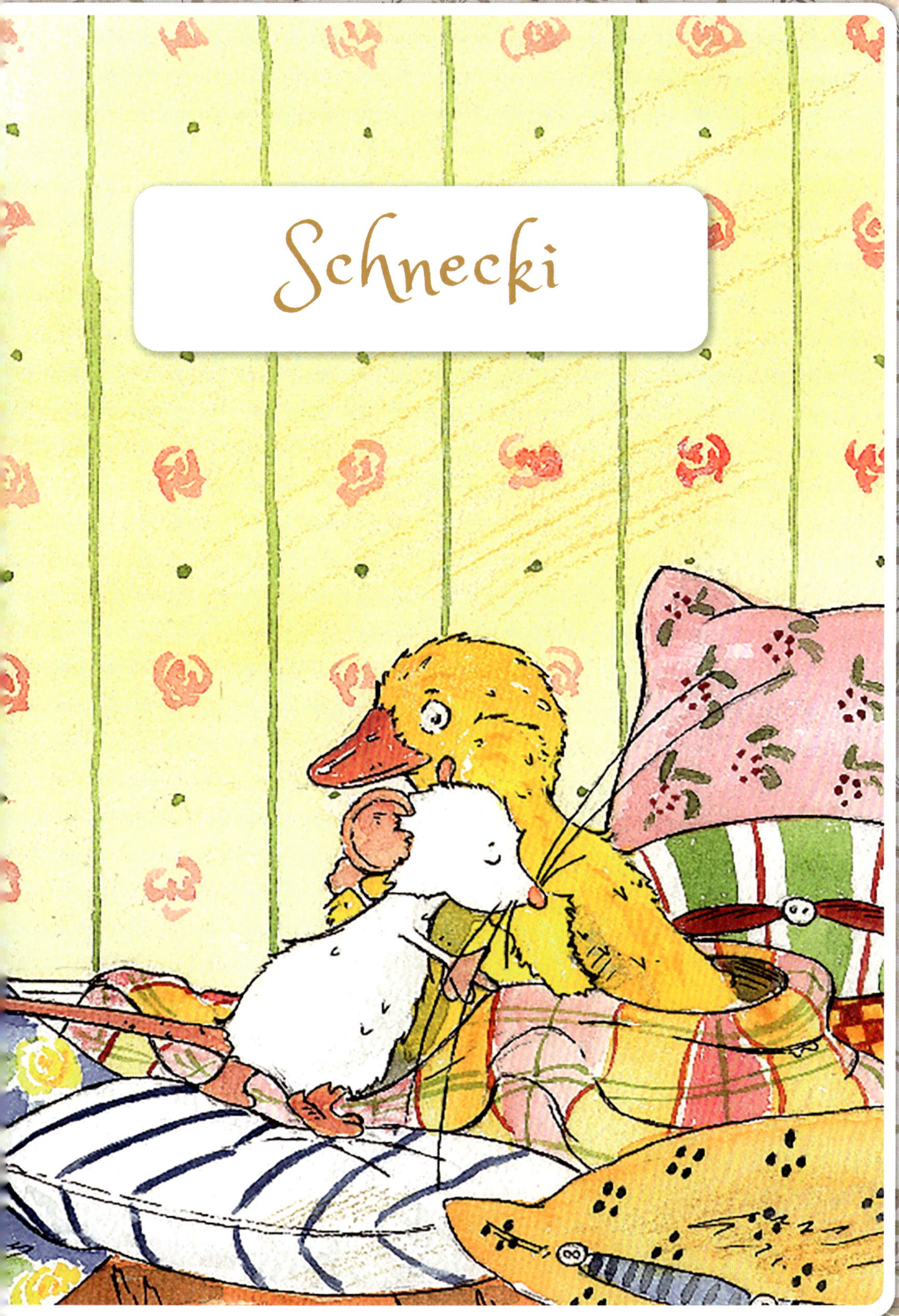
Schnecki

Anleitung

Größe: ca. 10 cm lang, ca. 6 cm hoch

WIR BENÖTIGEN

- Häkelgarn: Schachenmayr Catania (100 % Baumwolle, Lauflänge ca. 125 m/50g) in den Farben Curry 00431 und Marone 00157
  alternativ: anderes Garn in Hellbraun und Dunkelbraun
- Häkelnadel Nr. 2,5–3,5 mm
- Füllwatte zum Ausstopfen
- Schere, Nähnadel
- optional Maschenmarkierer und Stecknadeln

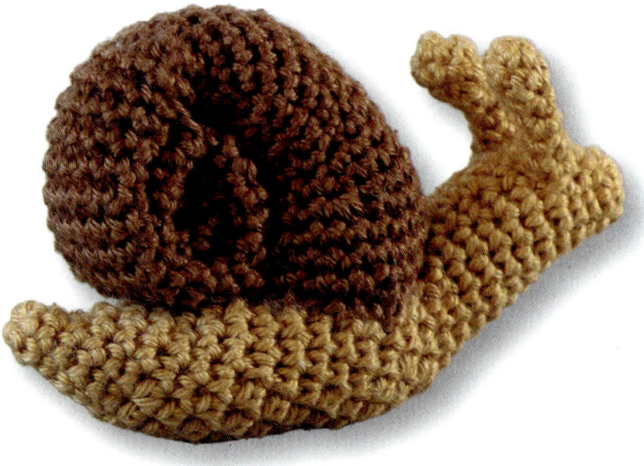

SO GEHT'S

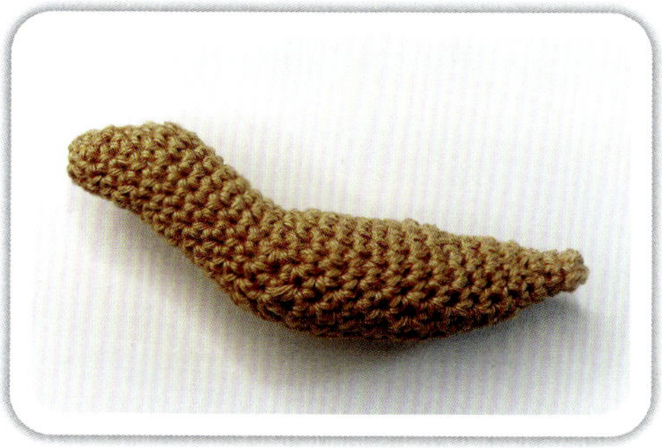

KOPF & KÖRPER

Einen Fadenring in Curry legen und in Spiralrunden fM häkeln.

1. Rd: 6 fM in den Fadenring
2. Rd: 2 fM, 2 Maschen verdoppeln, 2 fM = 8 Maschen
3. Rd: 8 fM
4. Rd: 3 fM, 2 Maschen verdoppeln, 3 fM = 10 Maschen
5. Rd: 4 fM, 2 Maschen verdoppeln, 4 fM = 12 Maschen
6. und 7. Rd: 12 fM (2 Rd)
8. Rd: 1 Masche verdoppeln, 5 fM, 2 Maschen zusammen abmaschen, 4 fM = 12 Maschen
9.–14. Rd: 12 fM (6 Runden)
15. Rd: 1 fM, 1 hStb verdoppeln, 4 hStb, 1 hStb verdoppeln, 2 fM, 2 Maschen verdoppeln, 1 fM = 16 Maschen
16. Rd: 1 fM, 1 hStb, 1 hStb verdoppeln, (2 hStb zusammen abmaschen) x2, 1 hStb verdoppeln, 1 hStb, 7 fM = 16 Maschen
17. Rd: 2 fM, 6 hStb, 8 fM, = 16 Maschen
18. und 19. Rd: 3 fM, 6 hStb, 7 fM (2 Rd)
20.–22. Rd: 4 fM, 6 hStb, 6 fM (3 Rd)
Den Körper mit Füllwatte ausstopfen.
23. Rd: 5 fM, 5 hStb, 4 fM, 2 Maschen zusammen abmaschen = 15 Maschen
24. Rd: 2 Maschen zusammen abmaschen, 4 fM, 4 hStb, 3 fM, 2 Maschen zusammen abmaschen = 13 Maschen
25. Rd: 2 Maschen zusammen abmaschen, 3 fM, 4 hStb, 4 fM = 12 Maschen
26. Rd: 12 fM
27. Rd: 2 Maschen zusammen abmaschen, 8 fM, 2 Maschen zusammen abmaschen = 10 Maschen
28. Rd: 2 Maschen zusammen abmaschen, 6 fM, 2 Maschen zusammen abmaschen = 8 Maschen
29. Rd: 2 Maschen zusammen abmaschen, 4 fM, 2 Maschen zusammen abmaschen = 6 Maschen
30. Rd: 6 fM
Den Faden lang abschneiden und mit einer Wollnadel durch die Maschen der letzten Rd ziehen. Den Körper komplett mit Füllwatte ausstopfen. Die Öffnung zusammenziehen. Den Faden vernähen.

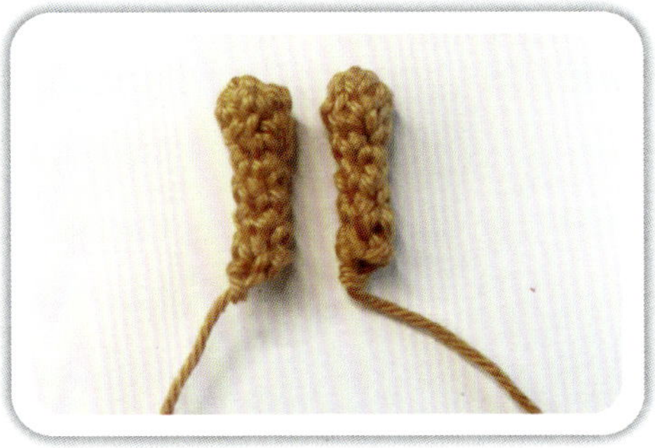

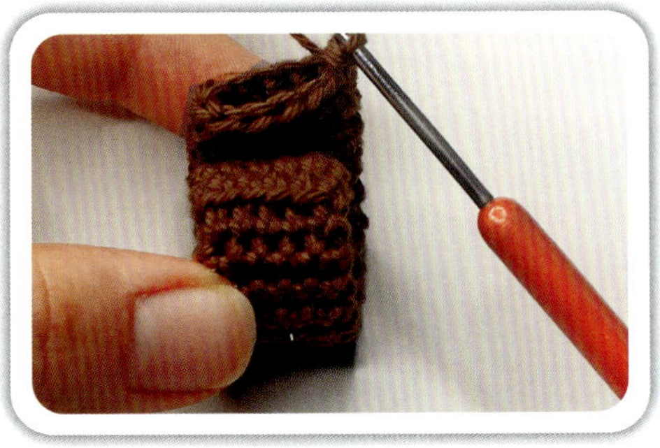

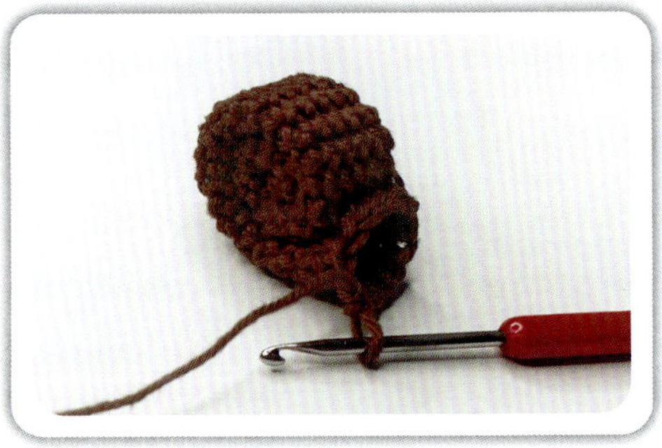

FÜHLER (2X HÄKELN)

Einen Fadenring in Curry legen und in Spiralrunden fM häkeln.

1. Rd: 4 fM in den Fadenring
2. Rd: Jede Masche verdoppeln = 8 Maschen
3. Rd: Je 2 Maschen zusammen abmaschen = 4 Maschen
4.–7. Rd: 4 fM (4 Rd)

Den Faden zum späteren Annähen lang abschneiden und durchziehen, noch nicht vernähen.

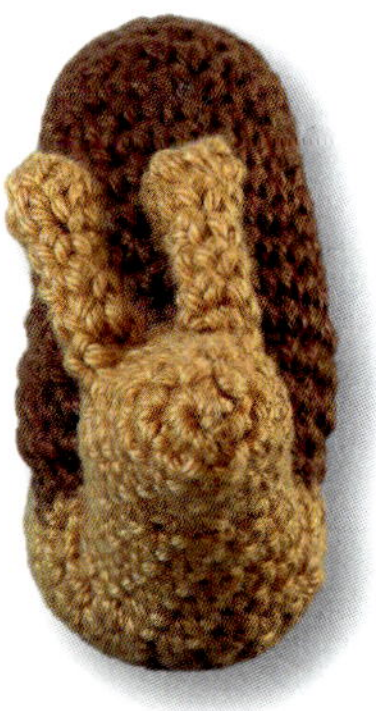

HAUS

Einen Fadenring in Marone legen und in Spiralrunden fM häkeln.

1. Rd: 6 fM in den Fadenring
2. und 3. Rd: 6 fM (2 Rd)
4. Rd: Jede 3. Masche verdoppeln = 8 Maschen
5.–10. Rd: 8 fM (6 Rd)
11. Rd: Jede 4. Masche verdoppeln = 10 Maschen
12.–15. Rd: 10 fM (4 Rd)
16. Rd: nur in die hinteren Maschenglieder einstechen: 5 fM, wieder in beide Maschenglieder einstechen: 5 fM
17.–21. Rd: 10 fM (5 Rd)
22. Rd: Jede 5. Masche verdoppeln = 12 Maschen
23.–32. Rd: 12 fM (10 Rd)
33. Rd: 1 fM, das Häkelstück eng einrollen, sodass danach die 5 vorderen Maschenglieder der 15. Rd vor der Nadel liegen, (1 fM durch das nächste vordere Maschenglied der 15. Rd und die nächste Masche der jetzigen Rd) x5, 6 fM (= 12 Maschen)

So bleibt das aufgerollte Schneckenhaus in der eingerollten Position. Wieder weiter in Spiralrunden häkeln:

34. Rd: 1 fM, 4 Maschen verdoppeln, 7 fM = 16 Maschen

35. Rd: 3 fM, 1 Masche verdoppeln, 2 fM, 1 Masche verdoppeln, 3 fM, (2 Maschen zusammen abmaschen) x3 = 15 Maschen

36. Rd: 5 fM, 2 Maschen verdoppeln, 5 fM, 3 Maschen zusammen abmaschen = 15 Maschen

37. Rd: 6 fM, 3 Maschen verdoppeln, 6 fM = 18 Maschen

38. Rd: 6 fM, 6 Lm, die nächsten 6 Maschen überspringen, 6 fM = 18 Maschen

39. Rd: 6 fM, 6 fM in die eben übersprungenen 6 Maschen der 38. Rd, dabei verbleibt die Lm-Kette der Vorrunde in dieser sowie in den folgenden Rd unbehäkelt auf der Innenseite der Arbeit, 6 fM = 18 Maschen

40. Rd: 6 fM, 6 Lm, die nächsten 6 Maschen überspringen, 6 fM = 18 Maschen

41. Rd: 2 Maschen zusammen abmaschen, 4 fM, in die eben übersprungenen 6 Maschen der 38. Rd: (2 fM, 2 Maschen verdoppeln, 2 fM), 4 fM, 2 Maschen zusammen abmaschen (= 18 Maschen)

42. Rd: 5 fM, 6 Lm, die nächsten 10 Maschen überspringen, 3 fM = 14 Maschen

43. Rd: 5 fM, in die eben übersprungenen 10 Maschen der 40. Rd: (1 Masche verdoppeln, 5 fM, 1 Masche verdoppeln, 3 fM), 2 fM, 1 Masche verdoppeln = 21 Maschen

44. Rd: 8 fM, 9 Lm, die nächsten 9 Maschen überspringen, 4 fM = 21 Maschen

45. Rd: 8 fM, 9 fM in die eben übersprungenen 9 Maschen der 44. Rd, 4 fM = 21 Maschen

46. Rd: 8 fM, 8 Lm, die nächsten 10 Maschen überspringen, 3 fM = 19 Maschen

47. Rd: 3 fM, 1 Masche verdoppeln, 4 fM, in die eben übersprungenen 10 Maschen der 42. Rd:

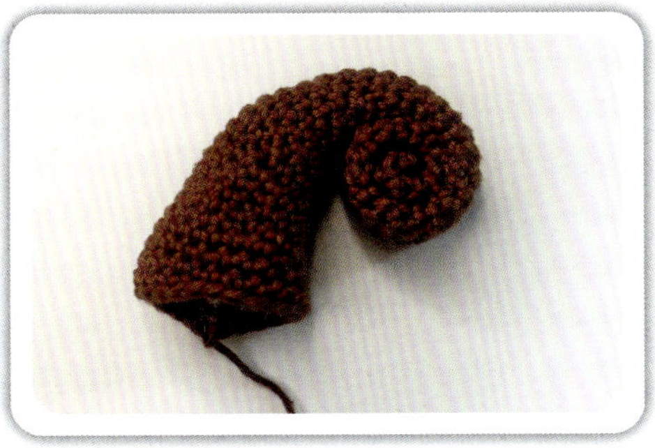

(2 fM, 1 Masche verdoppeln, 6 fM, 1 Masche verdoppeln), 3 fM = 24 Maschen

48. Rd: 12 fM, 6 Lm, die nächsten 6 Maschen überspringen, 6 fM = 24 Maschen

49. Rd: 12 fM, 6 fM in die eben übersprungenen 6 Maschen der 48. Rd, 6 fM = 24 Maschen

50. Rd: 8 fM, 8 Lm, die nächsten 14 Maschen überspringen, 2 fM

51. Rd: 8 fM, 14 fM in die eben übersprungenen 14 Maschen der 50. Rd, 2 fM = 24 Maschen

Den Faden zum späteren Annähen lang abschneiden und durchziehen, noch nicht vernähen. Das Schneckenhaus etwa ab der 33. Rd mit Füllwatte ausstopfen.

Fertigstellen

Die Fühler zwischen der 5. und 6. Rd am Kopf festnähen, dabei zwischen beiden Fühlern 1 fM Abstand lassen. Das Haus noch etwas weiter einrollen und ggf. in dieser Position nochmals mit einigen Stichen fixieren. Anschließend das Haus auf dem Körper positionieren und entlang der letzten Rd annähen.

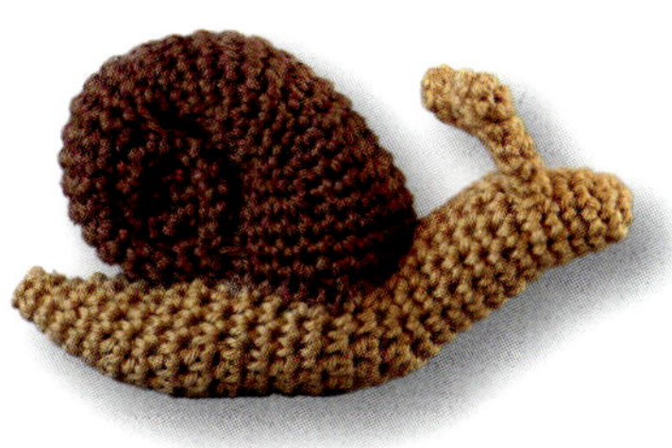

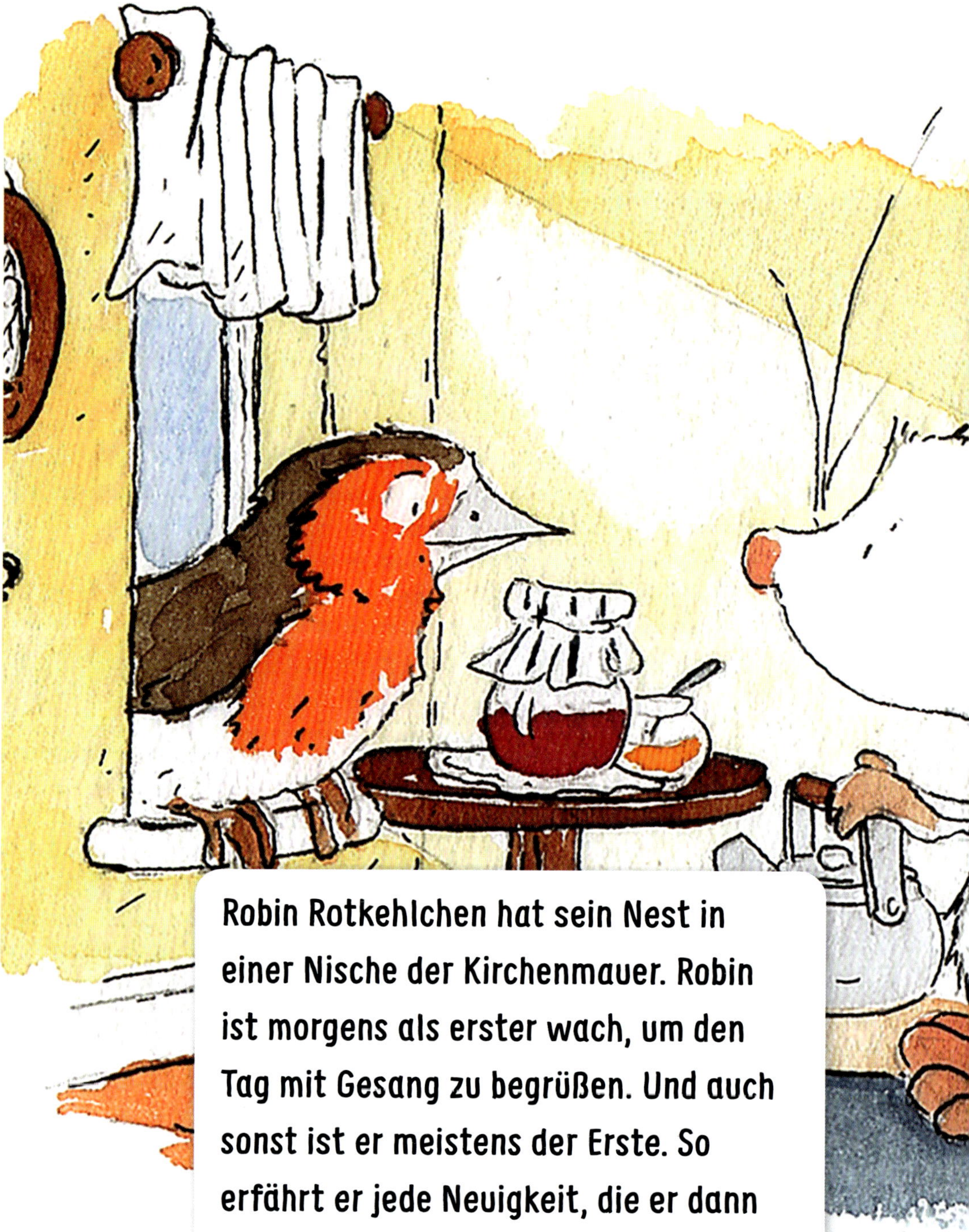

Robin Rotkehlchen hat sein Nest in einer Nische der Kirchenmauer. Robin ist morgens als erster wach, um den Tag mit Gesang zu begrüßen. Und auch sonst ist er meistens der Erste. So erfährt er jede Neuigkeit, die er dann lautstark durch das Dorf zwitschert.

Rotkehlchen Robin

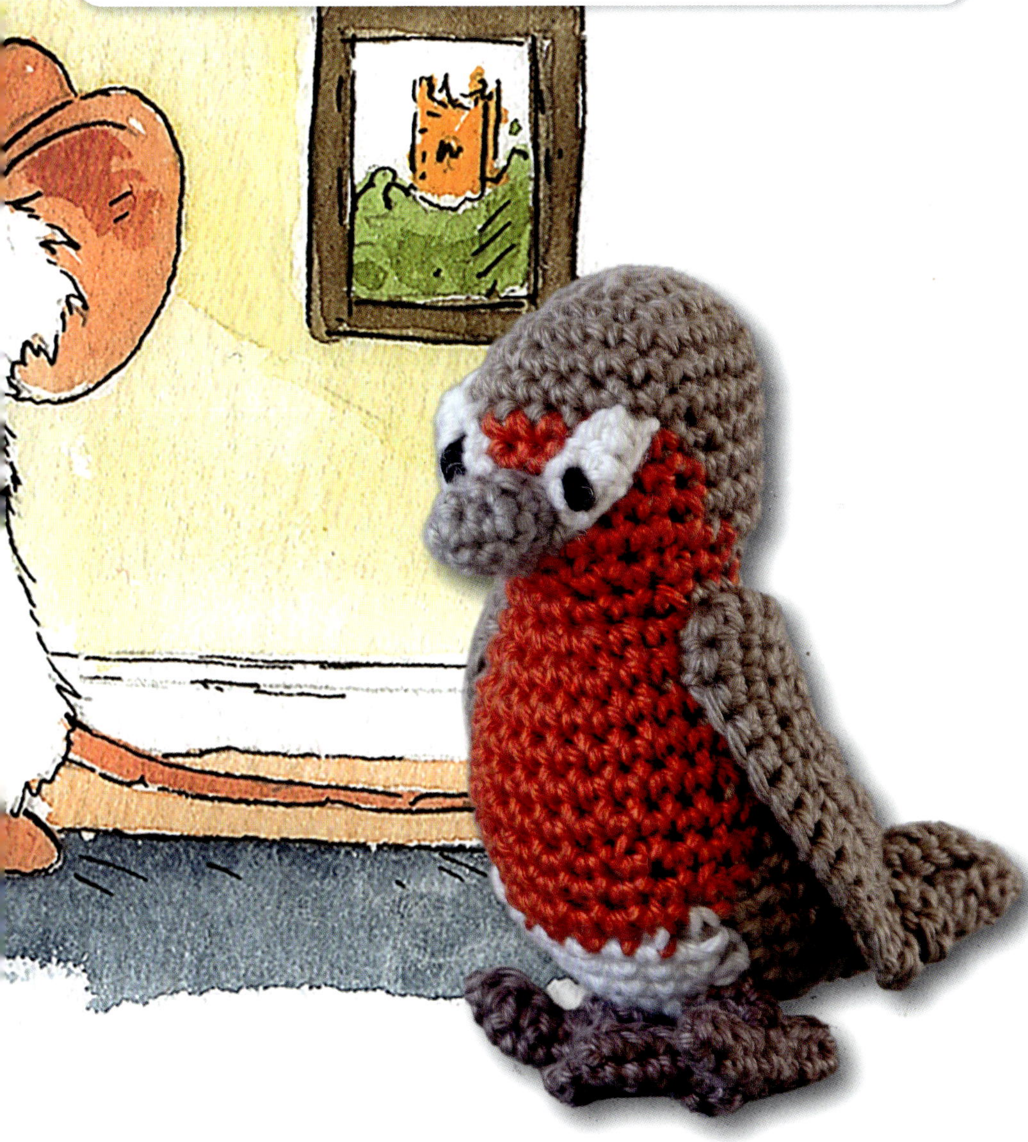

Anleitung

Größe: ca. 9 cm hoch

WIR BENÖTIGEN

- Häkelgarn: Schachenmayr Catania (100 % Baumwolle, Lauflänge ca. 125 m/50g) in den Farben Taupe 00254, Terracotta 00388, Weiß 00106, Teddy 00161, Rauchgrau 00435 und Schwarz 00110
  alternativ: anderes Garn in Taupe, Rot, Weiß, Braun, Grau und Schwarz
- Häkelnadel Nr. 2,5–3,5 mm
- Füllwatte zum Ausstopfen
- Schere, Nähnadel
- optional Maschenmarkierer und Stecknadeln

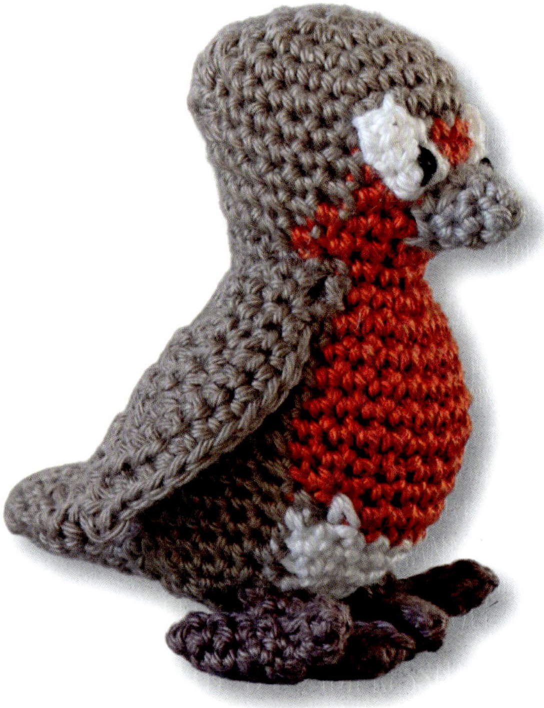

SO GEHT'S

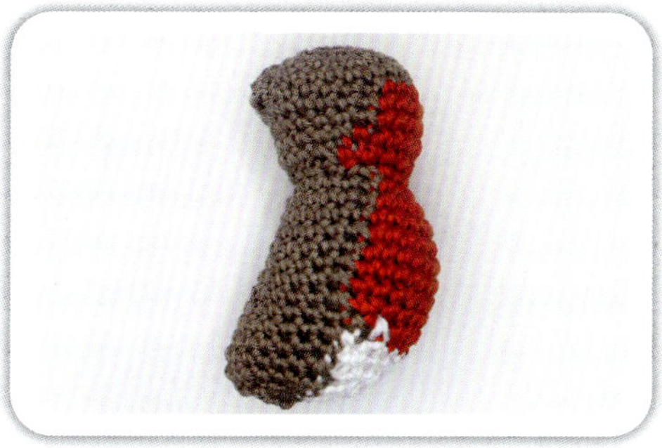

KOPF UND KÖRPER

Einen Fadenring in Taupe legen und in Spiralrunden fM häkeln.

1. Rd: 6 fM in den Fadenring

2. Rd: Jede Masche verdoppeln = 12 Maschen

3. Rd: Jede 2. Masche verdoppeln = 18 Maschen

4. Rd: Jede 3. Masche verdoppeln = 24 Maschen

5. Rd: 10 fM, 1 hStb, 2 Stb verdoppeln, 1 hStb, 10 fM = 26 Maschen

6. Rd: 10 fM, 1 hStb, (2 Stb zusammen abmaschen) x2, 1 hStb, 6 fM, Farbwechsel zu Terracotta, 4 fM = 24 Maschen

7. Rd: 4 fM, Farbwechsel zu Taupe, 16 fM, Farbwechsel zu Terracotta, 4 fM

8. Rd: 5 fM, Farbwechsel zu Taupe, 15 fM, Farbwechsel zu Terracotta, 4 fM

9. Rd: 5 fM, Farbwechsel zu Taupe, 14 fM, Farbwechsel zu Terracotta, 5 fM

10. Rd: 7 fM, Farbwechsel zu Taupe, 11 fM, Farbwechsel zu Terracotta, (1 fM, 2 Maschen zusammen abmaschen) x2 = 22 Maschen

11. Rd: (1 fM, 2 Maschen zusammen abmaschen) x3, Farbwechsel zu Taupe, (1 fM, 2 Maschen zusammen abmaschen) x3, 1 fM, 1 Masche verdoppeln, Farbwechsel zu Terracotta, 2 fM = 17 Maschen

12. Rd: 4 fM, Farbwechsel zu Taupe, (1 fM, 1 Masche verdoppeln) x5, 1 fM, Farbwechsel zu Terracotta, 2 fM = 22 Maschen

13. Rd: 2 Maschen verdoppeln, 2 fM, Farbwechsel zu Taupe, 16 fM, Farbwechsel zu Terracotta, 2 fM = 24 Maschen

14. Rd: (1 Masche verdoppeln, 2 fM) x2, Farbwechsel zu Taupe, 16 fM, Farbwechsel zu Terracotta, 2 fM = 26 Maschen

15. Rd: 9 fM, Farbwechsel zu Taupe, 15 fM, Farbwechsel zu Terracotta, 2 fM

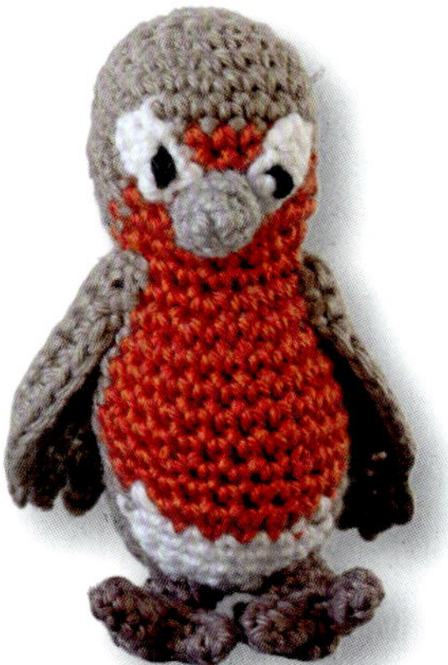

16. und 17. Rd: 10 fM, Farbwechsel zu Taupe, 14 fM, Farbwechsel zu Terracotta, 2 fM (2 Rd)
18. Rd: 11 fM, Farbwechsel zu Taupe, 6 fM, 2 Maschen verdoppeln, 5 fM, Farbwechsel zu Terracotta, 2 fM = 28 Maschen
19. Rd: 1 fM, (2 Maschen zusammen abmaschen, 3 fM) x2, Farbwechsel zu Taupe, 15 fM, Farbwechsel zu Terracotta, 2 Maschen zusammen abmaschen = 25 Maschen
20. Rd: 7 fM, 2 Maschen zusammen abmaschen, Farbwechsel zu Taupe, 6 fM, 1 Masche verdoppeln, 2 fM, 1 Masche verdoppeln, 6 fM, 26 Maschen, Farbwechsel zu Weiß
21. Rd: 1 fM, Farbwechsel zu Terracotta, 6 fM, Farbwechsel zu Weiß, 1 fM, Farbwechsel zu Taupe, 17 fM, Farbwechsel zu Weiß, 1 fM = 26 Maschen, den terracottafarbenen Faden abschneiden, den Körper ausstopfen, in Weiß weiterhäkeln
22. Rd: 3 fM, 2 Maschen zusammen abmaschen, 4 fM, Farbwechsel zu Taupe, 16 fM, Farbwechsel zu Weiß, 2 Maschen zusammen abmaschen (die 2. Masche ist hierbei bereits die erste Masche der nächsten Rd!) = 24 Maschen
23. Rd: Weiter ab der 2. Masche der Rd: 6 fM,

2 Maschen zusammen abmaschen, Farbwechsel zu Taupe, 6 fM, 1 Masche verdoppeln, 1 fM, 1 Masche verdoppeln, 6 fM, Farbwechsel zu Weiß, 2 Maschen zusammen abmaschen (die 2. Masche ist hierbei bereits die erste Masche der nächsten Rd!) = 24 Maschen

24. Rd: Weiter ab der 2. Masche der Rd: 4 fM, 2 Maschen zusammen abmaschen, Farbwechsel zu Taupe, 8 fM, 1 Masche verdoppeln, 8 fM, Farbwechsel zu Weiß, 1 fM = 24 Maschen

25. Rd: 2 Maschen zusammen abmaschen, 1 fM, 2 Maschen zusammen abmaschen, Farbwechsel zu Taupe, (1 fM, 2 Maschen zusammen abmaschen) x6, Farbwechsel zu Weiß, 2 Maschen zusammen abmaschen (die 2. Masche ist hierbei bereits die erste Masche der nächsten Rd!) = 15 Maschen

26. Rd: 2 Maschen zusammen abmaschen, Farbwechsel zu Taupe, (2 Maschen zusammen abmaschen) x6, 1 fM = 8 Maschen

Den Körper vollständig mit Füllwatte ausstopfen und den weißen Faden abschneiden.

27. Rd: Je 2 Maschen zusammen abmaschen = 4 Maschen

Den Faden lang abschneiden und mit einer Wollnadel durch die Maschen der letzten Rd ziehen. Die Öffnung zusammenziehen, dabei eventuell noch etwas Füllwatte nachlegen. Den Faden vernähen.

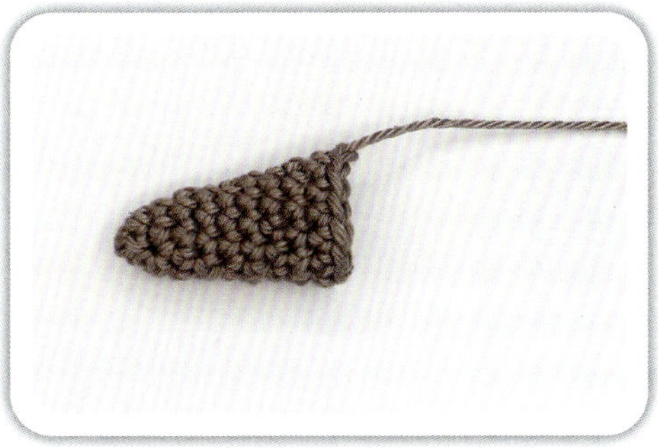

SCHWANZ

Einen Fadenring in Taupe legen und in Spiralrunden fM häkeln.

1. Rd: 6 fM in den Fadenring

2. Rd: 6 fM

3. Rd: Jede 3. Masche verdoppeln = 8 Maschen

4. und 5. Rd: 8 fM (2 Rd)

6. Rd: Jede 4. Masche verdoppeln = 10 Maschen

7. und 8. Rd: 10 fM (2 Rd)

9. Rd: Jede 5. Masche verdoppeln = 12 Maschen

10. Rd: 12 fM

Den Faden zum späteren Annähen lang abschneiden und durchziehen. Den Schwanz mit Füllwatte ausstopfen.

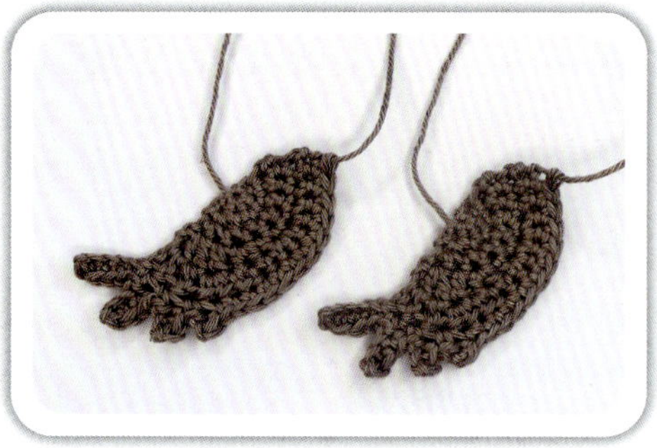

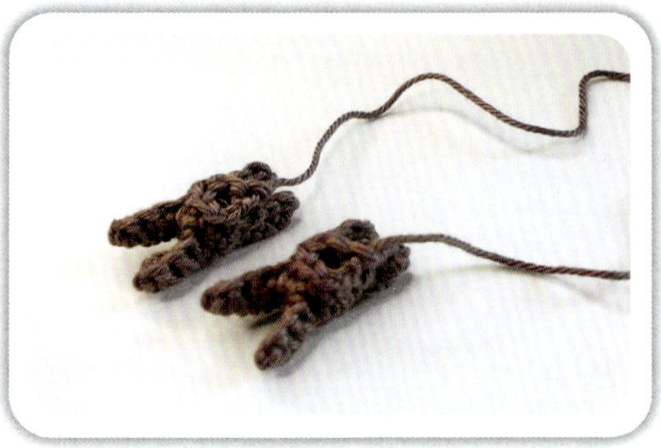

FLÜGEL (2X HÄKELN)

Einen Fadenring in Taupe legen und in R fM häkeln.

1. R: 5 fM in den Fadenring, 1 Wendeluftmasche:

2. R: 1 Masche verdoppeln, 3 fM, 1 Masche verdoppeln = 7 Maschen, 1 Wendeluftmasche

3. R: 1 Masche verdoppeln, 5 fM, 1 Masche verdoppeln = 9 Maschen, 1 Wendeluftmasche

4. R: 1 Stb verdoppeln, 1 Stb, 1 hStb verdoppeln, 1 hStb, 5 fM = 11 Maschen, 1 Wendeluftmasche

5. R: 3 fM, 2 Maschen verdoppeln, 2 fM, 1 hStb, 1 hStb verdoppeln, 1 Stb, 1 Stb verdoppeln = 15 Maschen, ohne Wendeluftmasche wenden

6. R: 5 Lm, je 1 fM in die 2.–5. Lm von der Nadel aus, 1 fM in die nächste Masche der 5. R, 4 Lm, je 1 fM in die 2.–4. Lm von der Nadel aus, 1 fM in die folgende Masche der 5. R, 3 Lm, je 1 fM in die 2. und 3. Lm von der Nadel aus, 1 fM in die nächste Masche der 5. R, 2 Lm, 1 fM in die 2. Lm von der Nadel aus, 1 fM in die folgende Masche der 5. R, 10 fM

Den Faden zum späteren Annähen lang abschneiden und durchziehen, noch nicht vernähen.

FÜSSE (2X HÄKELN)

Einen Fadenring in Teddy legen und in Spiralrunden fM häkeln.

1. Rd: 6 fM in den Fadenring

2. Rd: 4 Lm, je 1 fM in die 2.–4. Lm von der Nadel aus, 1 fM in die 1. Masche der 1. Rd, 4 Lm, je 1 fM in die 2.–4. Lm von der Nadel aus, 1 fM in die nächsten beiden Maschen der 1. Rd, (4 Lm, je 1 fM in die 2.–4. Lm von der Nadel aus, 1 fM in die nächste Masche der

1. Rd) x2, 1 fM

3. Rd: (3 fM entlang der Lm-Kette, 1 Wendeluftmasche, den Zeh flach aufeinanderlegen und durch je 2 gegenüberliegende Maschen einstechen: 3 fM, 1 fM in die nächste Masche der 2. Rd) x2, 1 fM, (3 fM entlang der Lm-Kette, 1 Wendeluftmasche, den Zeh flach aufeinanderlegen und durch je 2 gegenüberliegende Maschen einstechen: 3 fM, 1 fM in die nächste Masche in der 2. Rd) x2, 1 fM

4. Rd: (den Zeh überspringen, 2 fM in die nächste Masche in der Rd, den nächsten Zeh überspringen, die nächsten 2 Maschen in der Rd zusammen abmaschen) x2 = 6 Maschen

5. Rd: 6 fM und 1 Kettm in die 1. fM der Rd

Den Faden zum späteren Annähen lang abschneiden und durchziehen. Optional die Füße leicht ausstopfen.

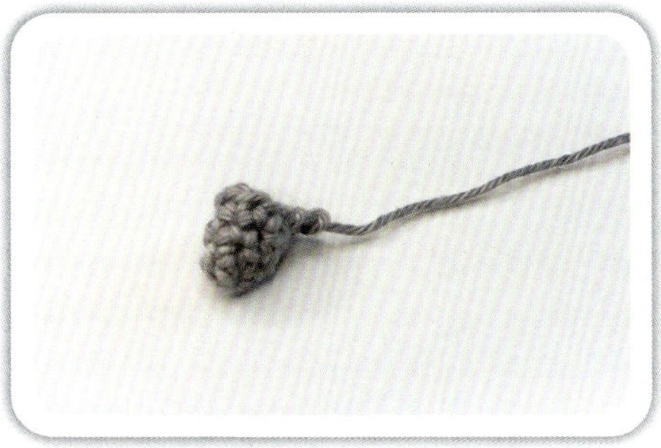

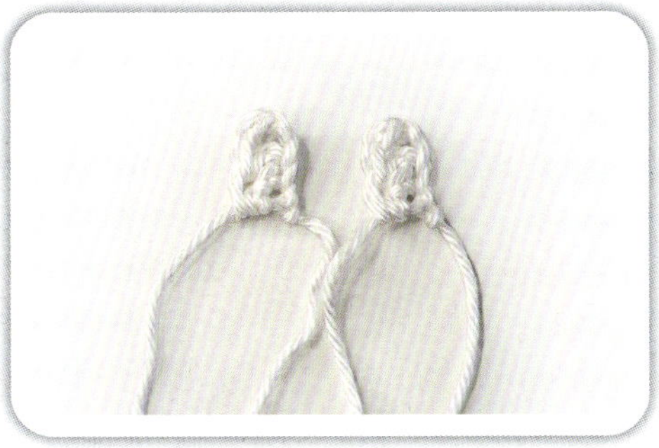

SCHNABEL

Einen Fadenring in Rauchgrau legen und in Spiralrunden fM häkeln.

1. Rd: 4 fM in den Fadenring

2. Rd: Jede 2. Masche verdoppeln = 6 Maschen

3. Rd: 6 fM

4. Rd: (1 fM, 1 Masche verdoppeln, 1 fM) x2 = 8 Maschen und 1 Kettm in die 1. fM der Rd

Den Faden zum späteren Annähen lang abschneiden und durchziehen. Den Schnabel leicht mit Füllwatte ausstopfen.

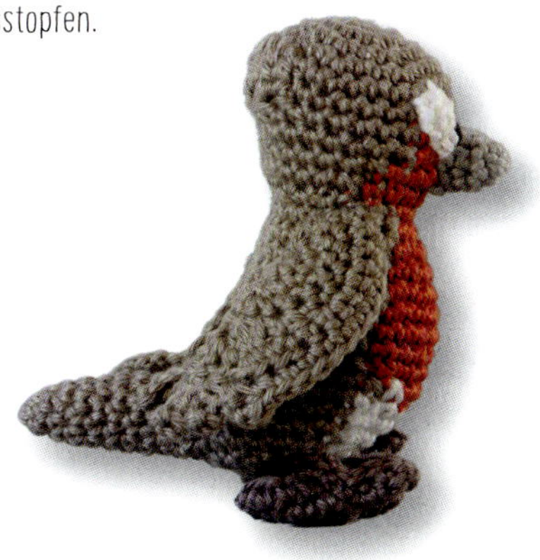

AUGEN (2X HÄKELN)

In Weiß 4 Lm anschlagen und in R fM häkeln.

1. R: 1 fM in die 2. Lm von der Nadel aus, 2 hStb

Den Faden zum späteren Aufnähen lang abschneiden und durchziehen, noch nicht vernähen.

Fertigstellen

Den Schwanz in der hinteren Mitte am unteren Körperrand festnähen. Die Flügel beidseitig am Körper positionieren und annähen, dabei nur das obere Viertel der Flügel befestigen. Die Füße beidseitig der unteren Körpermitte annähen. Schnabel und Augen im Gesicht anbringen und zuletzt in Schwarz die Augen mit je 3 kleinen Plattstichen aufsticken.

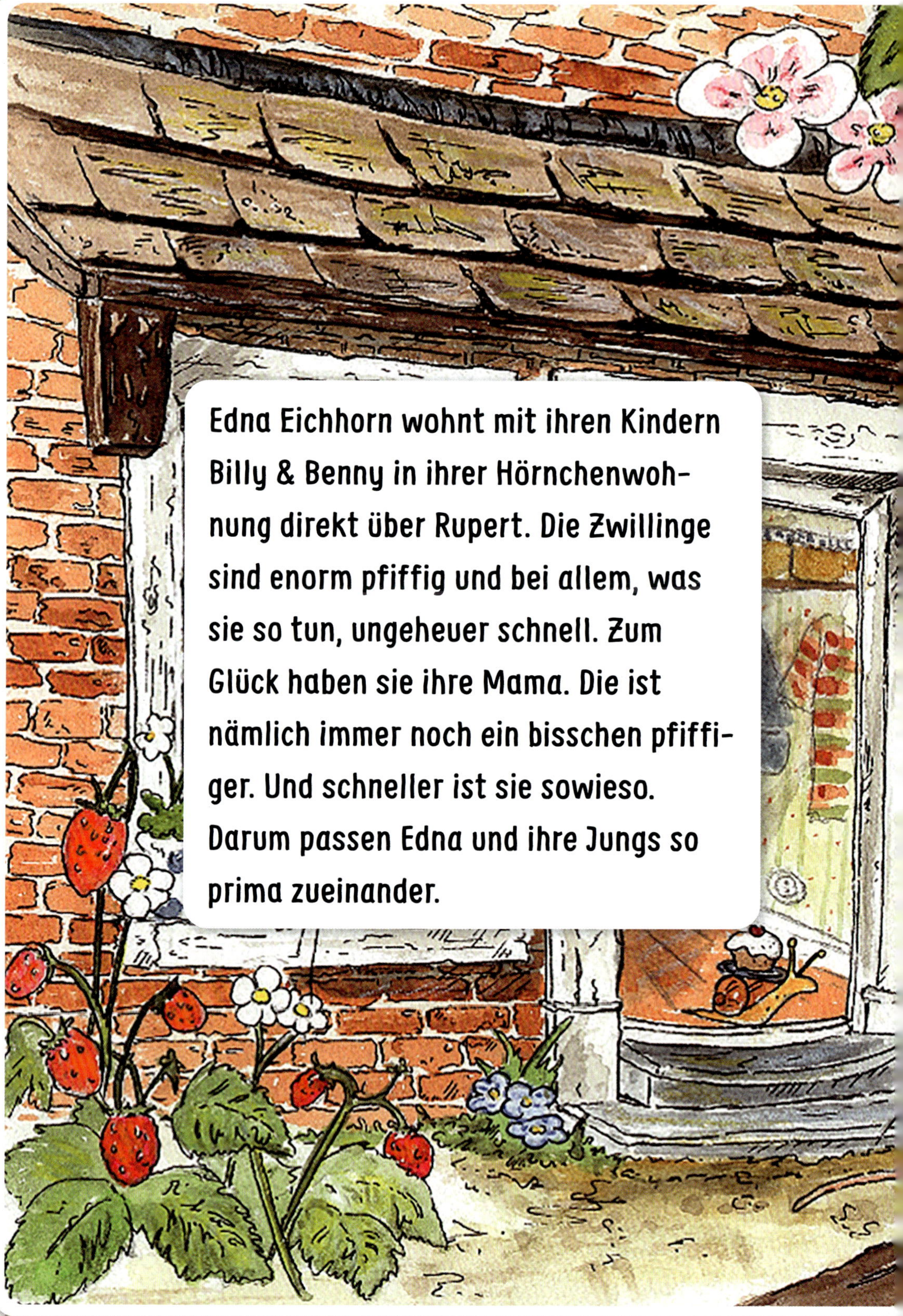

Edna Eichhorn wohnt mit ihren Kindern Billy & Benny in ihrer Hörnchenwohnung direkt über Rupert. Die Zwillinge sind enorm pfiffig und bei allem, was sie so tun, ungeheuer schnell. Zum Glück haben sie ihre Mama. Die ist nämlich immer noch ein bisschen pfiffiger. Und schneller ist sie sowieso. Darum passen Edna und ihre Jungs so prima zueinander.

Eichhorn Edna

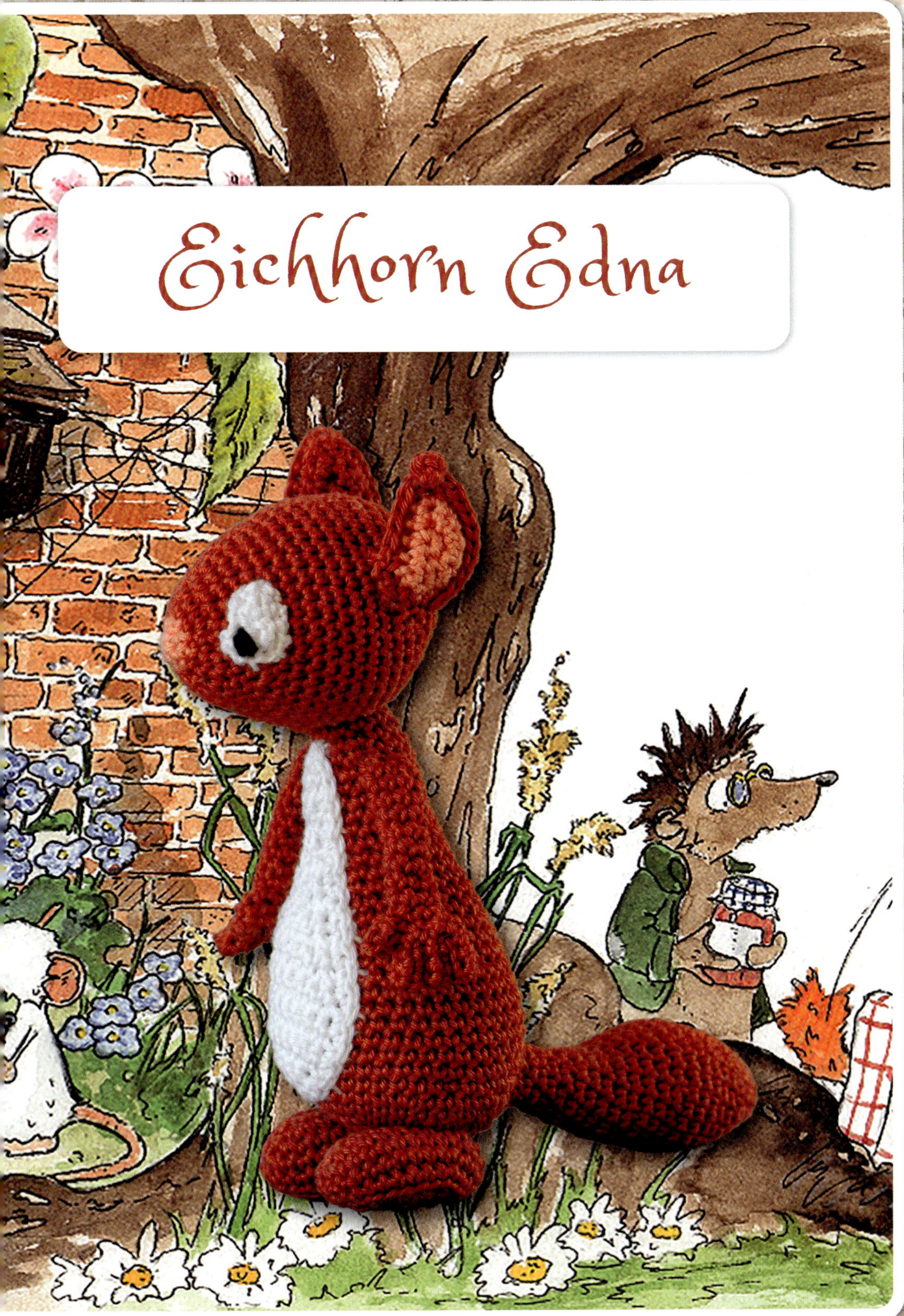

Anleitung

Größe: ca. 19 cm hoch

WIR BENÖTIGEN

- Häkelgarn: Schachenmayr Catania (100 % Baumwolle, Lauflänge ca. 125 m/50g) in den Farben Scampi 00427, Terracotta 00388, Weiß 00106 und Schwarz 00110 alternativ: anderes Garn in Pink, Rot, Weiß und Schwarz
- Häkelnadel Nr. 2,5–3,5 mm
- Füllwatte zum Ausstopfen
- Schere, Nähnadel
- optional Maschenmarkierer und Stecknadeln

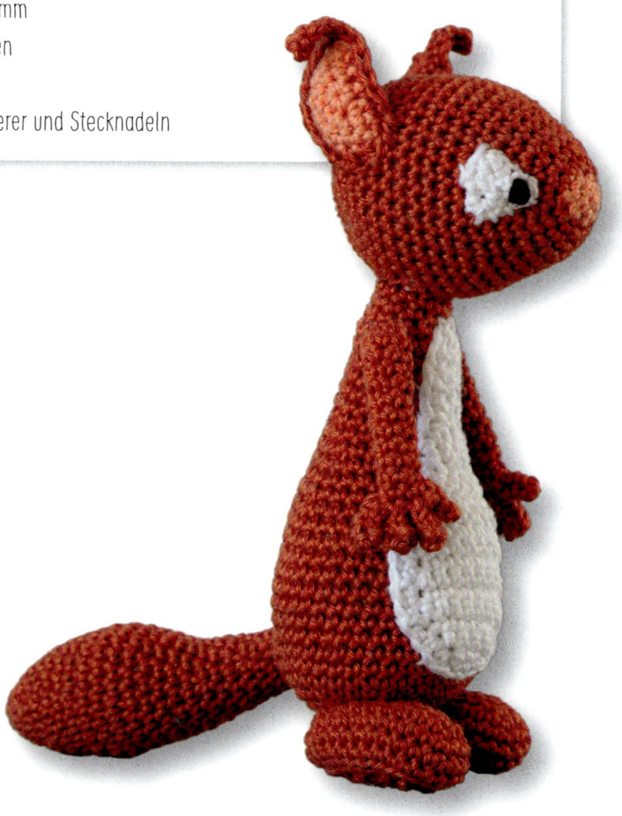

SO GEHT'S

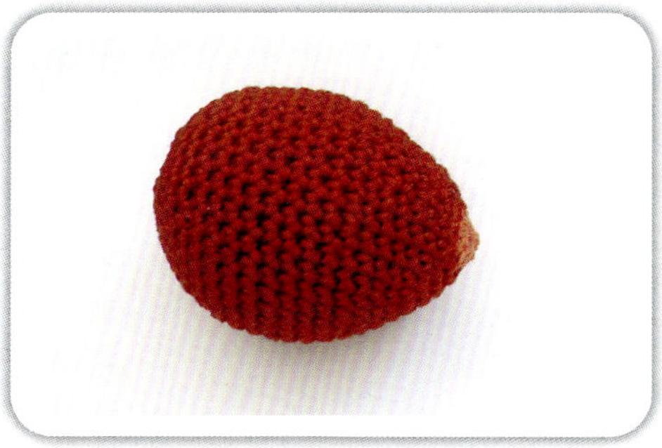

KOPF

Einen Fadenring in Scampi legen und in Spiralrunden fM häkeln.

1. Rd: 5 fM in den Fadenring
2. Rd: (1 fM, 3 fM in 1 Masche) x2, 1 fM = 9 Maschen
Den Faden abschneiden. Farbwechsel zu Terracotta.
3. Rd: Jede 3. Masche verdoppeln = 12 Maschen
4. Rd: Jede 2. Masche verdoppeln = 18 Maschen
5. Rd: Jede 6. Masche verdoppeln = 21 Maschen
6. Rd: (2 fM, 1 Masche verdoppeln, 4 fM) x3 = 24 Maschen
7. Rd: 24 fM
8. Rd: Jede 4. Masche verdoppeln = 30 Maschen
9. Rd: 30 fM
10. Rd: (1 fM, 1 Masche verdoppeln, 3 fM) x6 = 36 Maschen
11.–18. Rd: 36 fM (8 Rd)
19. Rd: Jede 5. und 6. Masche zusammen abmaschen = 30 Maschen
20. Rd: 30 fM
21. Rd: Jede 4. und 5. Masche zusammen abmaschen = 24 Maschen
22. Rd: Jede 3. und 4. Masche zusammen abmaschen = 18 Maschen
Den Kopf mit Füllwatte ausstopfen.
23. Rd: Jede 2. und 3. Masche zusammen abmaschen = 12 Maschen
24. Rd: Je 2 Maschen zusammen abmaschen = 6 Maschen
Den Faden lang abschneiden und mit einer Wollnadel durch die Maschen der letzten Rd ziehen. Die Öffnung zusammenziehen, dabei eventuell noch etwas Füllwatte nachlegen. Den Faden vernähen.

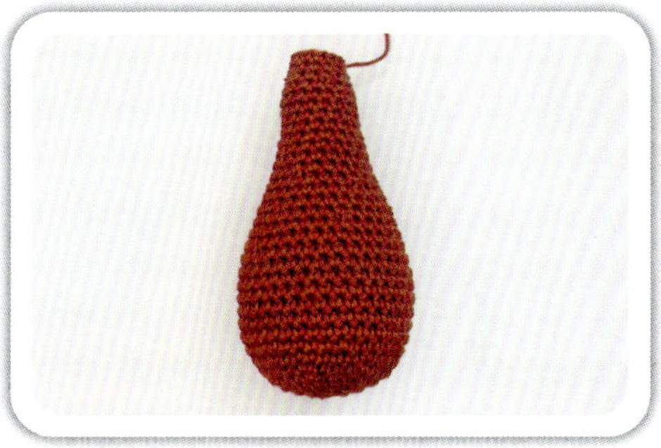

KÖRPER

Einen Fadenring in Terracotta legen und in Spiralrunden fM häkeln.

1. Rd: 6 fM in den Fadenring
2. Rd: Jede Masche verdoppeln = 12 Maschen
3. Rd: Jede 2. Masche verdoppeln = 18 Maschen
4. Rd: Jede 3. Masche verdoppeln = 24 Maschen
5. Rd: Jede 4. Masche verdoppeln = 30 Maschen
6. Rd: 30 fM
7. Rd: (1 fM, 1 Masche verdoppeln, 3 fM) x6 = 36 Maschen
8.–15. Rd: 36 fM (8 Rd)
16. Rd: (5 fM, 2 Maschen zusammen abmaschen, 5 fM) x3 = 33 Maschen
17. Rd: (9 fM, 2 Maschen zusammen abmaschen) x3 = 30 Maschen
18. Rd: 30 fM
19. Rd: (4 fM, 2 Maschen zusammen abmaschen, 4 fM) x3 = 27 Maschen
20. Rd: (7 fM, 2 Maschen zusammen abmaschen) x3 = 24 Maschen

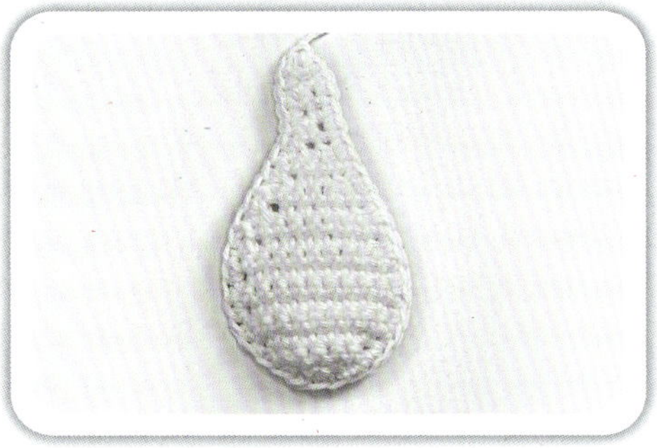

21. Rd: 24 fM
22. Rd: (3 fM, 2 Maschen zusammen abmaschen, 3 fM) x3 = 21 Maschen
23. Rd: (5 fM, 2 Maschen zusammen abmaschen) x3 = 18 Maschen
24. Rd: 18 fM
Den Körper mit Füllwatte ausstopfen.
25. Rd: (7 fM, 2 Maschen zusammen abmaschen) x2 = 16 Maschen
26.–29. Rd: 16 fM (4 Rd)
30. Rd: Jede 3. und 4. Masche zusammen abmaschen = 12 Maschen
31. und 32. Rd: 12 fM (2 Rd)
Den Faden zum späteren Annähen lang abschneiden und durchziehen, noch nicht vernähen. Den Körper vollständig mit Füllwatte ausstopfen.

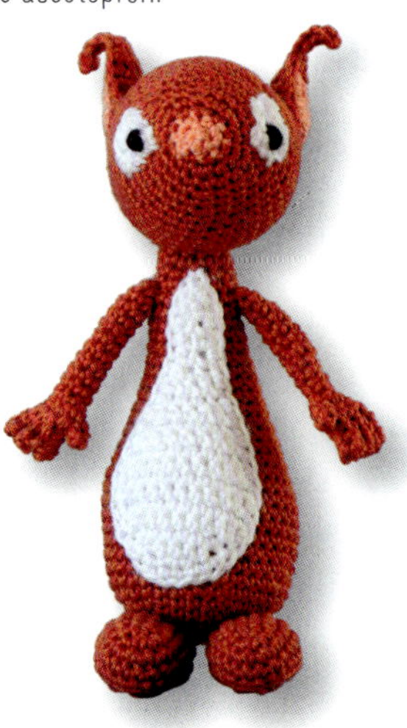

BAUCHFLECK

In Weiß 5 Lm anschlagen und in R fM häkeln.
1. R: 1 fM in die 2. Lm von der Nadel aus, 3 fM = 4 Maschen, 1 Wendeluftmasche
2. R: 1 Masche verdoppeln, 2 fM, 1 Masche verdoppeln = 6 Maschen, 1 Wendeluftmasche
3. R: 1 Masche verdoppeln, 4 fM, 1 Masche verdoppeln = 8 Maschen, 1 Wendeluftmasche
4. R: 1 Masche verdoppeln, 6 fM, 1 Masche verdoppeln = 10 Maschen, 1 Wendeluftmasche
5.–8. R: 10 fM, 1 Wendeluftmasche (4 R)
9. R: 2 Maschen zusammen abmaschen, 6 fM, 2 Maschen zusammen abmaschen = 8 Maschen, 1 Wendeluftmasche
10. R: 8 fM, 1 Wendeluftmasche
11. R: 2 Maschen zusammen abmaschen, 4 fM, 2 Maschen zusammen abmaschen = 6 Maschen, 1 Wendeluftmasche
12. R: 6 fM, 1 Wendeluftmasche
13. R: 2 Maschen zusammen abmaschen, 2 fM, 2 Maschen zusammen abmaschen = 4 Maschen, 1 Wendeluftmasche
14. R: 4 fM, 1 Wendeluftmasche
15. R: Je 2 Maschen zusammen abmaschen = 2 Maschen, 1 Wendeluftmasche
16.–19. R: 2 fM, 1 Wendeluftmasche (4 R)
20. R: 2 Maschen zusammen abmaschen = 1 Masche, 1 Wendeluftmasche
21. R: 1 fM
Anschließend das Teil mit 1 Rd fM umhäkeln, sodass ein gleichmäßiger Rand entsteht. 1 Kettmasche in die 1. fM arbeiten. Den Faden zum späteren Aufnähen lang abschneiden und durchziehen, noch nicht vernähen.

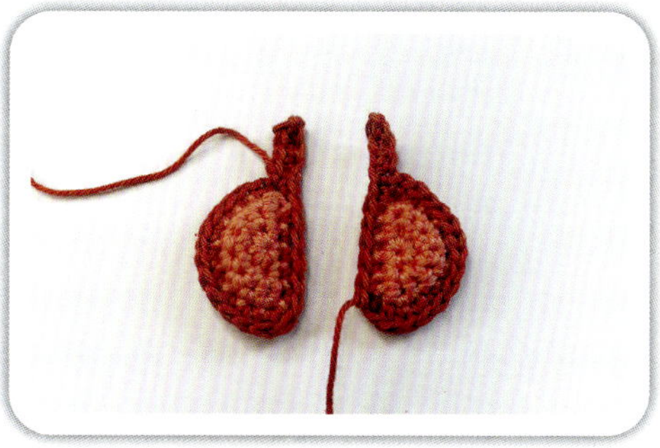

OHREN (2X HÄKELN)

INNENOHR (2X HÄKELN)

Einen Fadenring in Scampi legen und in R fM häkeln.

1. R: 5 fM in den Fadenring, 1 Wendeluftmasche

2. R: 1 Masche verdoppeln, 3 fM, 1 Masche verdoppeln = 7 Maschen, 1 Wendeluftmasche

3. R: 1 Masche verdoppeln, 5 fM, 1 Masche verdoppeln = 9 Maschen. Dann am geraden seitlichen Rand gleichmäßig verteilt 5 fM arbeiten, es entsteht eine Rd = 14 Maschen. 1 Kettmasche in die 1. fM der Rd.

Den Faden abschneiden, durchziehen und vernähen.

AUSSENOHR (2X HÄKELN)

Einen Fadenring in Terracotta legen und in R fM häkeln.

1. R: 5 fM in den Fadenring, 1 Wendeluftmasche

2. R: 1 Masche verdoppeln, 3 fM, 1 Masche verdoppeln = 7 Maschen, 1 Wendeluftmasche

3. R: 1 Masche verdoppeln, 5 fM, 1 Masche verdoppeln = 9 Maschen. Dann am geraden seitlichen Rand gleichmäßig verteilt 5 fM arbeiten, es entsteht eine Rd = 14 Maschen. 1 Kettmasche in die 1. fM der Rd.

Den Faden nicht abschneiden.

LINKES OHR

Die linke Seite eines Innenohrs auf die linke Seite eines Außenohrs legen. Für die letzte Rd stets in die jeweilige Masche von Innen- und Außenohr einstechen und eine Rd an der äußeren Rundung beginnend häkeln:

1. Rd: 1 Masche verdoppeln, 2 fM, 2 Maschen verdoppeln, 2 fM, 2 Maschen verdoppeln, 5 Lm, je 1 fM in die 2.–5. Lm von der Nadel aus = 3 fM, 1 fM in die gleiche Einstichstelle wie die letzten beiden verdoppelten Maschen, weiter an der geraden Seitenkante 5 fM, dabei wieder durch die jeweilige Masche von Innen- und Außenohr einstechen sowie das Ohr mit etwas Füllwatte ausstopfen, 1 Kettmasche in die 1. fM der Rd.

Den Faden zum späteren Annähen lang abschneiden und durchziehen, noch nicht vernähen.

RECHTES OHR

Die linke Seite eines Innenohrs auf die linke Seite eines Außenohrs legen. Für die letzte Rd stets in die jeweilige Masche von Innen- und Außenohr einstechen und eine Rd an der äußeren Rundung beginnend häkeln:

1. Rd: 1 Masche verdoppeln, 2 fM, 2 Maschen verdoppeln, 2 fM, 2 Maschen verdoppeln, weiter an der geraden Seitenkante 5 fM, dabei wieder durch die jeweilige Masche von Außen- und Innenohr einstechen sowie das Ohr mit etwas Füllwatte ausstopfen, 1 fM in die gleiche Einstich-stelle wie die 1. fM der Rd, 5 Lm, je 1 fM in die 2.–5. Lm von der Nadel aus = 4 fM, 1 Kettm in die 1. fM der Rd.

Den Faden zum späteren Annähen lang abschneiden und mit einer Nähnadel durch die Maschen der letzten Rd zum unteren Ohrrand ziehen, noch nicht vernähen.

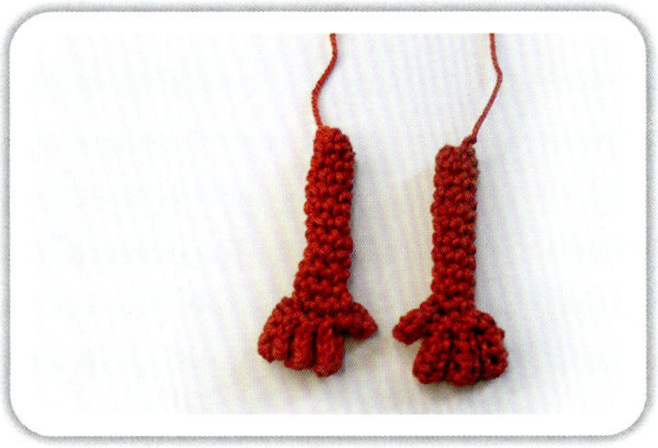

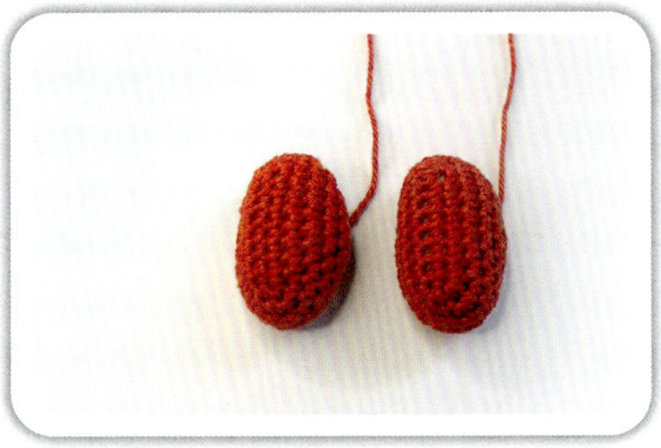

ARME (2X HÄKELN)

Mit einem langen Anfangsfaden in Terracotta 6 Lm anschlagen und in Spiralrunden fM häkeln.

1. Rd: Die Lm-Kette zu einem Kreis legen. Je 1 fM in die 1.–6. Lm, es entsteht eine Rd = 6 Maschen

2.–11. Rd: 6 fM (10 Rd)

12. Rd: 2 fM, 3 Lm, 1 fM in die 2. Lm von der Nadel aus, 1 fM, 4 fM am Arm

13. Rd: 2 fM, 2 fM entlang der Lm, 1 Wendeluftmasche, die beiden Seiten des Arms flach aufeinanderlegen und jeweils durch zwei gegenüberliegende Maschen einstechen: 2 Kettmaschen. Es entsteht der Daumen. Weiter die restlichen Finger häkeln, dabei wieder in nur 1 Masche einstechen:
(4 Lm, 1 fM in die 2. Lm von der Nadel aus, 2 fM, 1 Kettmasche in die nächste Masche am Arm) x3, 1 Wendeluftmasche,
(3 fM in die letzten 3 Maschen des nächsten Fingers, 1 Wendeluftmasche, den Finger flach aufeinanderlegen und durch jeweils zwei gegenüberliegende Maschen einstechen: 3 Kettmaschen, 1 Kettmasche in die nächste Masche am Arm) x3
Den Faden abschneiden und durchziehen. Den Endfaden vernähen, der Anfangsfaden wird später zum Annähen genutzt. Optional den Arm leicht ausstopfen.

FÜSSE (2X HÄKELN)

Mit langen Anfangsfaden in Terracotta 9 Lm anschlagen und in Spiralrunden fM häkeln.

1. Rd: 2 fM in die 2. Lm von der Nadel aus, entlang der Lm-Kette häkeln: 6 fM, 4 fM in die letzte Lm, weiter an der anderen Seite der Lm-Kette in die noch freien Maschenglieder: 6 fM, 1 Masche verdoppeln = 20 Maschen

2. Rd: (1 Masche verdoppeln, 8 fM, 1 Masche verdoppeln) x2 = 24 Maschen

3. Rd: (1 Masche verdoppeln, 10 fM, 1 Masche verdoppeln) x2 = 28 Maschen

4. und 5. Rd: 28 fM (2 Rd)

6. Rd: nur in die hinteren Maschenglieder einstechen: (3 Maschen zusammen abmaschen, 2 Maschen zusammen abmaschen, 4 fM, 2 Maschen zusammen abmaschen, 3 Maschen zusammen abmaschen) x2 = 16 Maschen

7. Rd: wieder in beide Maschenglieder einstechend: Je 2 Maschen zusammen abmaschen = 8 Maschen
Den Faden abschneiden und mit einer Wollnadel durch die Maschen der letzten Rd ziehen. Die Öffnung zusammenziehen, dabei eventuell noch etwas Füllwatte nachlegen. Den Faden vernähen. Den Fuß mit Füllwatte ausstopfen.

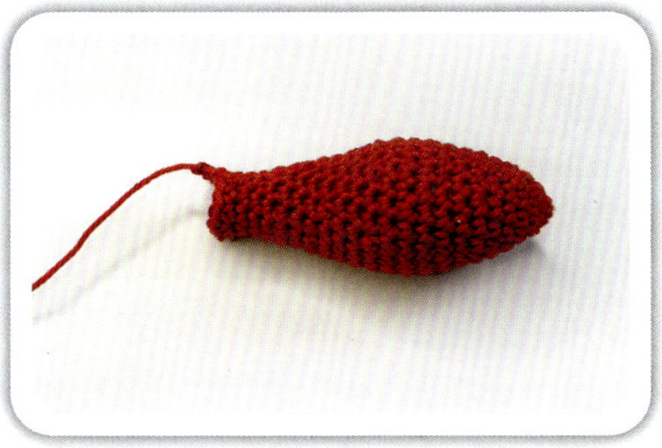

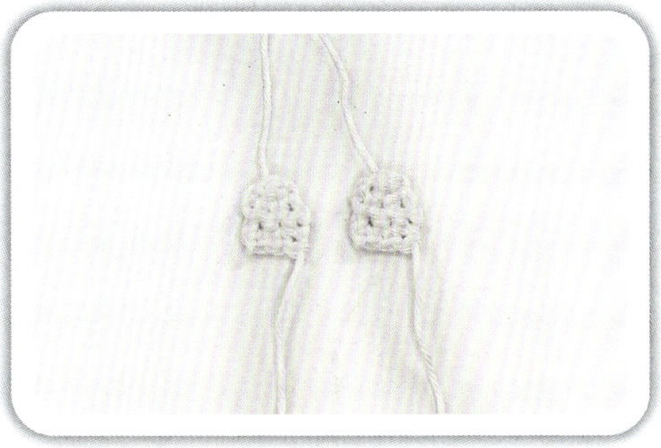

SCHWANZ

Einen Fadenring in Terracotta legen und in Spiralrunden fM häkeln.

1. Rd: 6 fM in den Fadenring

2. Rd: Jede 2. Masche verdoppeln = 9 Maschen

3. Rd: Jede 3. Masche verdoppeln = 12 Maschen

4. Rd: 12 fM

5. Rd: Jede 4. Masche verdoppeln = 15 Maschen

6. Rd: (1 fM, 1 Masche verdoppeln, 3 fM) x3 = 18 Maschen

7. Rd: 18 fM

8. Rd: Jede 6. Masche verdoppeln = 21 Maschen

9. Rd: (2 fM, 1 Masche verdoppeln, 4 fM) x3 = 24 Maschen

10. und 11. Rd: 24 fM (2 Rd)

12. Rd: Jede 3. und 4. Masche zusammen abmaschen = 18 Maschen

13. und 14. Rd: 18 fM (2 Rd)

15. Rd: Jede 5. und 6. Masche zusammen abmaschen = 15 M

16. Rd: 15 fM

17. Rd: (1 fM, 2 Maschen zusammen abmaschen, 2 fM) x3 = 12 Maschen

18. und 19. Rd: 12 fM (2 Rd)

20. Rd: Jede 3. und 4. Masche zusammen abmaschen = 9 Maschen

21. und 22. Rd: 9 fM (2 Rd)

23. Rd: Jede 3. Masche verdoppeln = 12 Maschen

Den Faden zum späteren Annähen lang abschneiden und durchziehen, noch nicht vernähen. Den Schwanz mit Füllwatte ausstopfen.

AUGENFLECK (2X HÄKELN)

Einen Fadenring in Weiß legen und in R fM häkeln.

1. R: 3 fM in den Fadenring, 1 Wendeluftmasche

2. und 3. R: 3 fM, 1 Wendeluftmasche (2 R)

4. R: 3 fM

Den Faden zum späteren Aufnähen lang abschneiden und durchziehen, noch nicht vernähen.

Fertigstellen

Den Körper mit dem Endfaden unten am Kopf annähen. Die Ohren ab der 15. Rd beidseitig an den Kopf nähen, dabei zeigen die abgerundeten Außenkanten nach hinten. Arme zwischen der 29. und 30. Rd beidseitig an den Körper nähen, dabei darauf achten, dass die Daumen nach vorne zeigen. Den Bauchfleck in der vorderen Mitte auf dem Körper positionieren und rundum festnähen. Die Füße beidseitig der unteren Körpermitte, den Schwanz in der hinteren Mitte am unteren Körperrand annähen. Die Augenflecke beidseitig der Schnauze aufnähen und in Schwarz die Augen mit je 3 kleinen Plattstichen aufsticken.

Die Zwillinge Billy & Benny sind Ednas Kinder. Ihre Mutter passt immer gut auf sie auf, damit ihnen nichts geschieht. Denn manchmal sind die beiden einfach ein bisschen zu schnell und nicht achtsam genug.

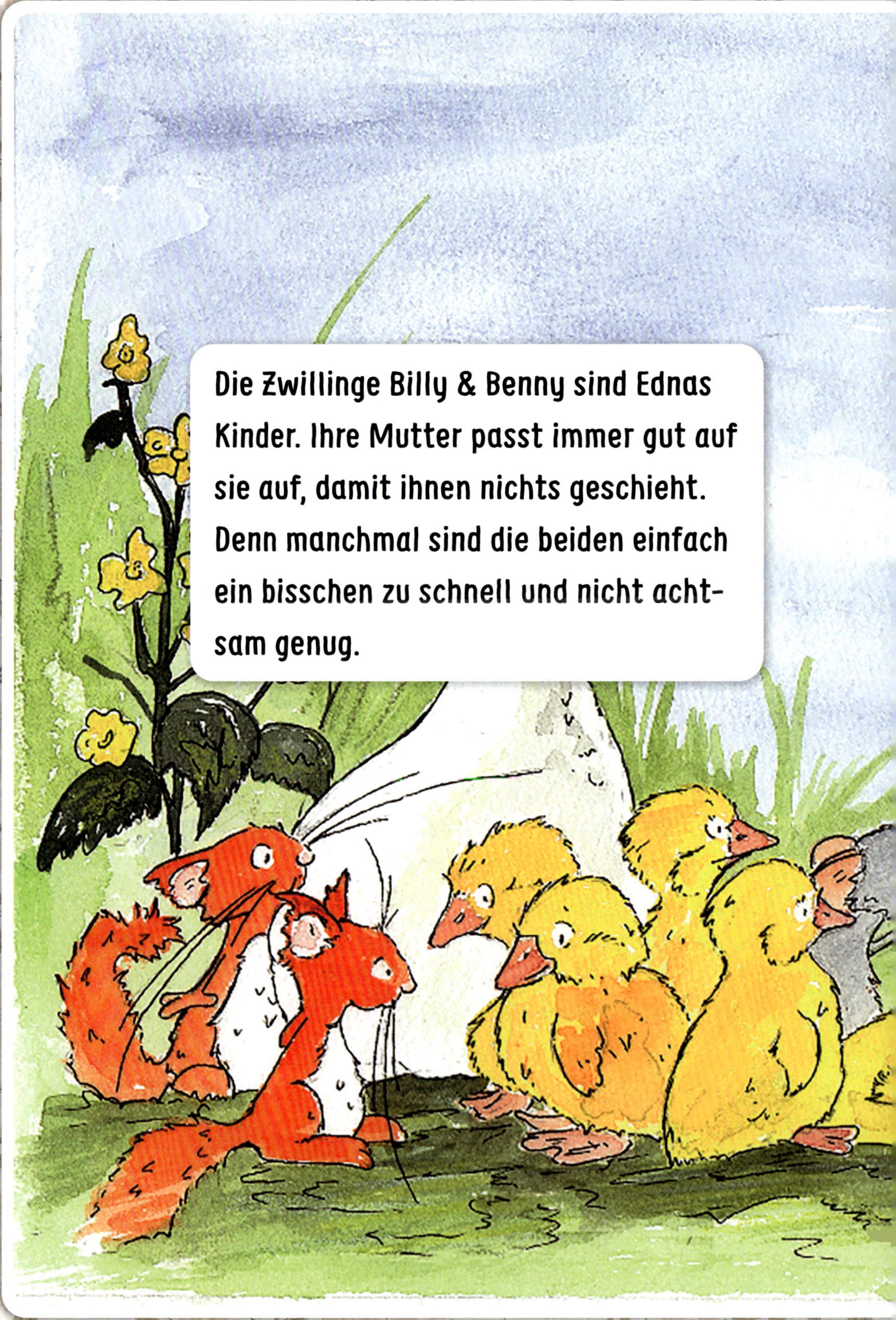

Die Zwillinge Benny & Billy

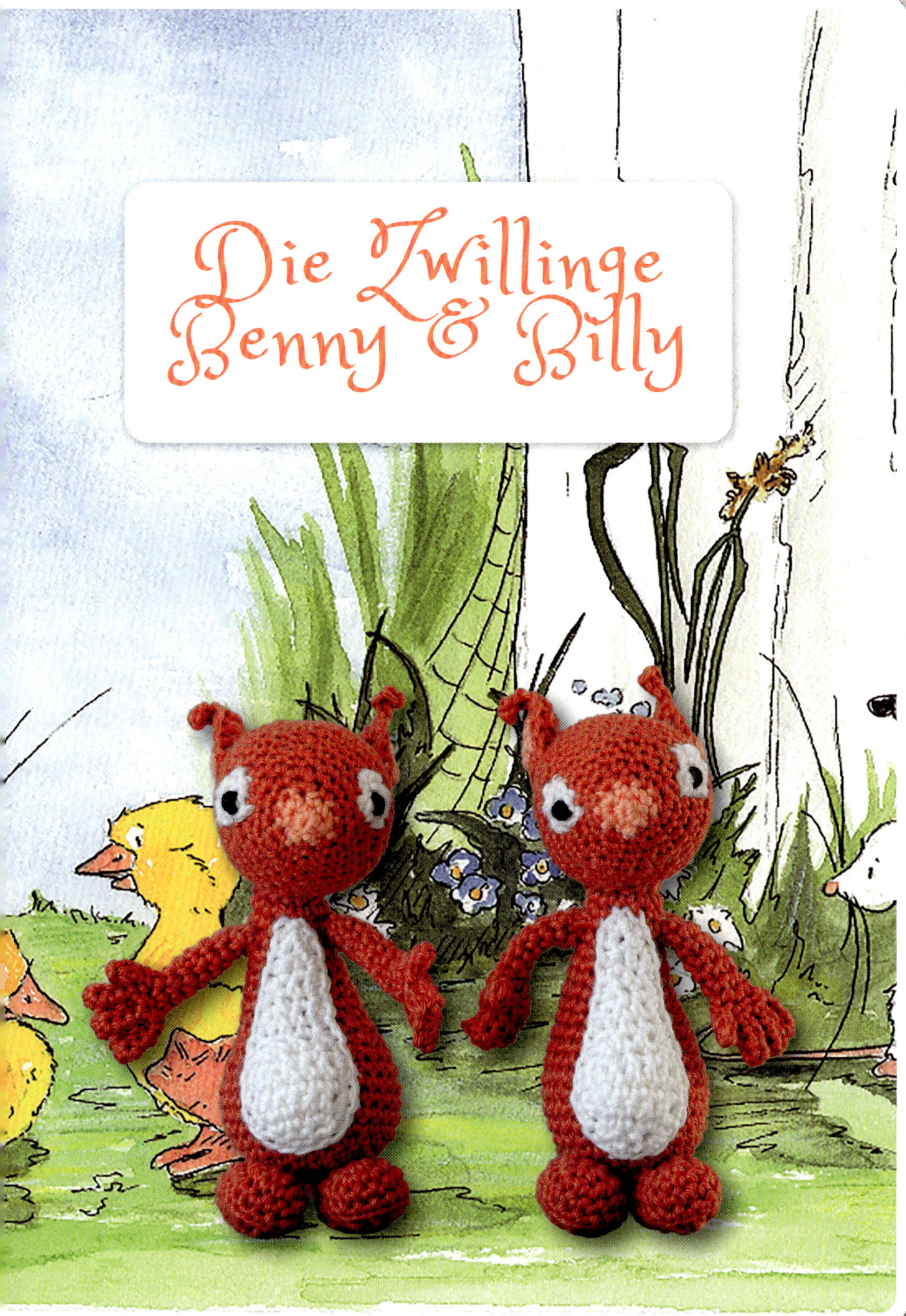

Anleitung

Größe: ca. 14 cm hoch

WIR BENÖTIGEN

- Häkelgarn: Schachenmayr Catania (100 % Baumwolle, Lauflänge ca. 125 m/50g) in den Farben Scampi 00427, Terracotta 00388, Weiß 00106 und Schwarz 00110 alternativ: anderes Garn in Pink, Rot, Weiß und Schwarz
- Häkelnadel Nr. 2,5–3,5 mm
- Füllwatte zum Ausstopfen
- Schere, Nähnadel
- optional Maschenmarkierer und Stecknadeln

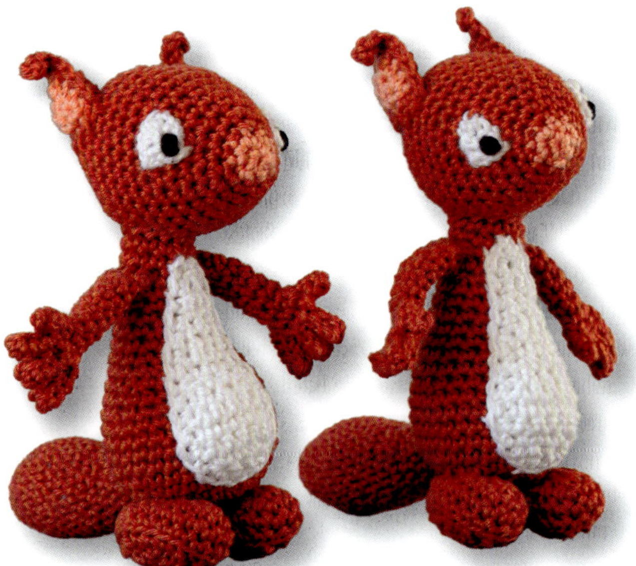

SO GEHT'S

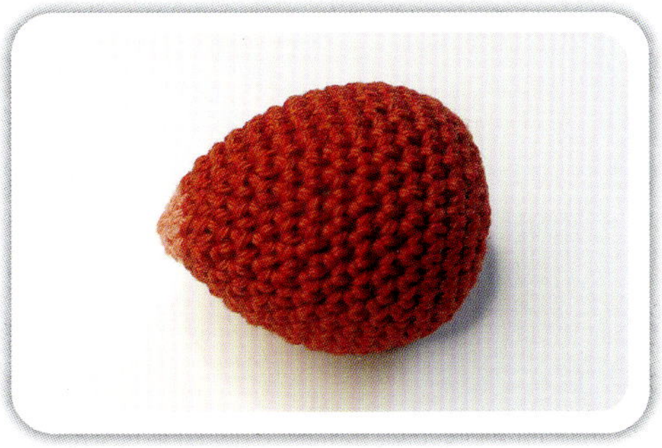

KOPF

Einen Fadenring in Scampi legen und in Spiralrunden fM häkeln.

1. Rd: 5 fM in den Fadenring

2. Rd: (1 fM, 3 fM in 1 Masche) x2, 1 fM = 9 Maschen

Den Faden abschneiden. Farbwechsel zu Terracotta.

3. Rd: Jede 3. Masche verdoppeln = 12 Maschen

4. Rd: Jede 4. Masche verdoppeln = 15 Maschen

5. Rd: (1 fM, 1 Masche verdoppeln, 3 fM) x3 = 18 Maschen

6. Rd: Jede 6. Masche verdoppeln = 21 Maschen

7. Rd: (2 fM, 1 Masche verdoppeln, 4 fM) x3 = 24 Maschen

8. Rd: Jede 8. Masche verdoppeln = 27 Maschen

9. Rd: (3 fM, 1 Masche verdoppeln, 5 fM) x3 = 30 Maschen

10.–15. Rd: 30 fM (6 Rd)

16. Rd: Jede 4. und 5. Masche zusammen abmaschen = 24 Maschen

17. Rd: Jede 3. und 4. Masche zusammen abmaschen = 18 Maschen

Den Kopf mit Füllwatte ausstopfen.

18. Rd: Jede 2. und 3. Masche zusammen abmaschen = 12 Maschen

19. Rd: Je 2 Maschen zusammen abmaschen = 6 Maschen

Den Faden lang abschneiden und mit einer Wollnadel durch die Maschen der letzten Rd ziehen. Die Öffnung zusammenziehen, dabei eventuell noch etwas Füllwatte nachlegen. Den Faden vernähen.

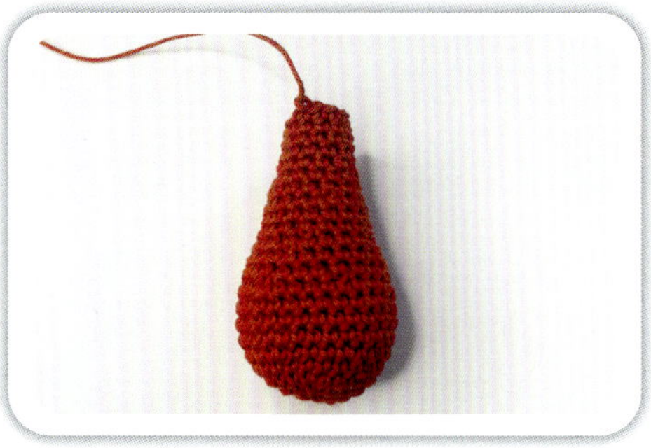

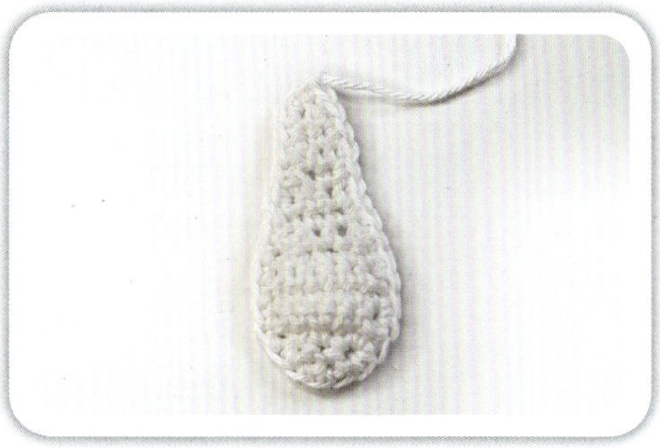

KÖRPER

Einen Fadenring in Terracotta legen und in Spiralrunden fM häkeln.

1. Rd: 6 fM in den Fadenring

2. Rd: Jede Masche verdoppeln = 12 Maschen

3. Rd: Jede 2. Masche verdoppeln = 18 Maschen

4. Rd: Jede 3. Masche verdoppeln = 24 Maschen

5. Rd: 24 fM

6. Rd: (1 fM, 1 Masche verdoppeln, 2 fM) x6 = 30 Maschen

7.–10. Rd: 30 fM (4 Rd)

11. Rd: Jede 4. und 5. Masche zusammen abmaschen = 24 Maschen

12. Rd: 24 fM

13. Rd: (3 fM, 2 Maschen zusammen abmaschen, 3 fM) x3 = 21 Maschen

14. Rd: Jede 6. und 7. Masche zusammen abmaschen = 18 Maschen

15. und 16. Rd: 18 fM (2 Rd)

17. Rd: (2 fM, 2 Maschen zusammen abmaschen, 2 fM) x3 = 15 Maschen

18. Rd: 15 fM

19. Rd: Jede 4. und 5. Masche zusammen abmaschen = 12 Maschen

20.–23. Rd: 12 fM (4 Rd)

Den Faden zum späteren Annähen lang abschneiden und durchziehen, noch nicht vernähen. Den Körper mit Füllwatte ausstopfen.

BAUCHFLECK

In Weiß 4 Lm anschlagen und in R fM häkeln.

1. R: 1 fM in die 2. Lm von der Nadel aus, 2 fM = 3 Maschen, 1 Wendeluftmasche

2. R: 1 Masche verdoppeln, 1 fM, 1 Masche verdoppeln = 5 Maschen, 1 Wendeluftmasche

3. R: 2 fM, 1 Masche verdoppeln, 2 fM = 6 Maschen, 1 Wendeluftmasche

4. und 5. R: 6 fM, 1 Wendeluftmasche (2 R)

6. R: 2 fM, 2 Maschen zusammen abmaschen, 2 fM = 5 Maschen, 1 Wendeluftmasche

7. R: 2 Maschen zusammen abmaschen, 1 fM, 2 Maschen zusammen abmaschen = 3 Maschen, 1 Wendeluftmasche

8. und 9. R: 3 fM, 1 Wendeluftmasche (2 R)

10. R: 1 fM, 2 Maschen zusammen abmaschen = 2 Maschen, 1 Wendeluftmasche

11. und 12. R: 2 fM, 1 Wendeluftmasche (2 R)

13. R: 2 Maschen zusammen abmaschen = 1 Masche, 1 Wendeluftmasche

14. R: 1 fM

Anschließend das Teil mit 1 Rd fM umhäkeln, sodass ein gleichmäßiger Rand entsteht. 1 Kettmasche in die 1. fM. Den Faden zum späteren Aufnähen lang abschneiden und durchziehen, noch nicht vernähen.

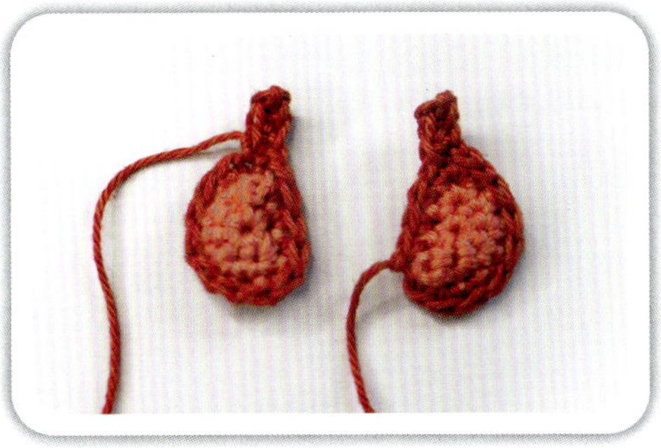

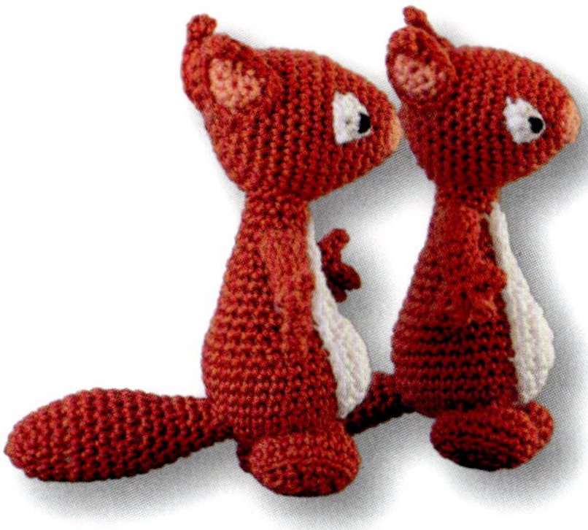

OHREN (2X HÄKELN)

INNENOHR (2X HÄKELN)

Einen Fadenring in Scampi legen und in R fM häkeln.

1. R: 5 fM in den Fadenring, 1 Wendeluftmasche

2. R: 1 Masche verdoppeln, 3 fM, 1 Masche verdoppeln = 7 Maschen. Dann am geraden seitlichen Rand gleichmäßig verteilt 3 fM arbeiten, es entsteht 1 Rd = 10 Maschen. 1 Kettmasche in die 1. fM der Rd. Den Faden abschneiden und durchziehen, nicht vernähen.

AUSSENOHR (2X HÄKELN)

Einen Fadenring in Terracotta legen und in R fM häkeln.

1. R: 5 fM in den Fadenring, 1 Wendeluftmasche

2. R: 1 Masche verdoppeln, 3 fM, 1 Masche verdoppeln = 7 Maschen. Dann am geraden seitlichen Rand gleichmäßig verteilt 3 fM arbeiten, es entsteht 1 Rd = 10 Maschen. 1 Kettmasche in die 1. fM der Rd.

LINKES OHR

Die linke Seite eines Innenohrs auf die linke Seite eines Außenohrs legen. Für die letzte Rd stets in die jeweilige Masche von Außen- und Innenohr einstechen und eine Rd an der äußeren Rundung beginnend häkeln:

1. Rd: 1 Masche verdoppeln, 5 fM, 1 Masche verdoppeln, 4 Lm, je 1 fM in die 2.–4. Lm von der Nadel aus = 3 fM, 1 fM in die gleiche Einstichstelle wie die letzten beiden verdoppelten Maschen, weiter an der geraden Seitenkante 3 fM, dabei wieder durch die jeweilige Masche von Innen- und Außenohr einstechen sowie das Ohr mit etwas Füllwatte ausstopfen, 1 Kettmasche in die 1. fM der Rd.
Den Faden zum späteren Annähen lang abschneiden und durchziehen, noch nicht vernähen

RECHTES OHR

Die linke Seite eines Innenohrs auf die linke Seite eines Außenohrs legen.. Für die letzte Rd stets in die jeweilige Masche von Innen- und Außenohr einstechen und eine Rd an der äußeren Rundung beginnend häkeln:

1. Rd: 1 Masche verdoppeln, 5 fM, 1 Maschen verdoppeln, weiter an der geraden Seitenkante 3 fM, dabei wieder durch die jeweilige Masche von Außen- und Innenohr einstechen sowie das Ohr mit etwas Füllwatte ausstopfen, 1 fM in die gleiche Einstichstelle wie die 1. fM der Rd, 4 Lm, je 1 fM in die 2.–4. Lm von der Nadel aus = 3 fM, 1 Kettmasche in die 1. fM der Rd.
Den Faden zum späteren Annähen lang abschneiden und mit einer Nähnadel durch die Maschen der letzten Rd zum unteren Ohrrand ziehen, noch nicht vernähen.

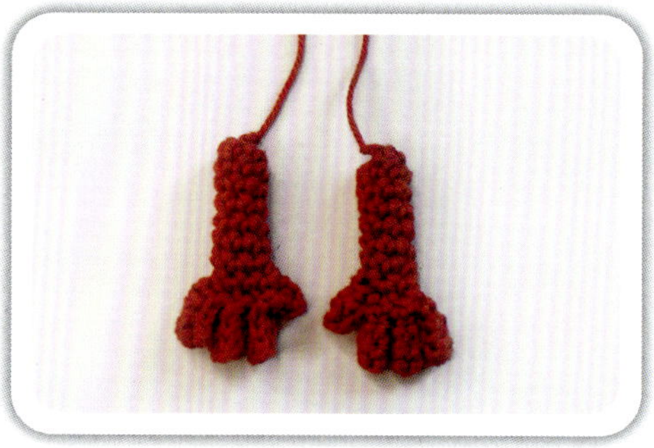

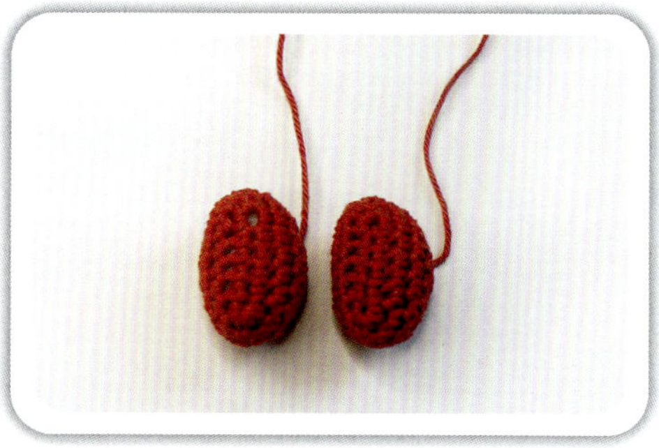

ARME (2X HÄKELN)

Mit einem langen Anfangsfaden in Terracotta 6 Lm anschlagen und in Spiralrunden fM häkeln.

1. Rd: Die Lm-Kette zu einem Kreis legen. Je 1 fM in die 1. - 6. Lm, es entsteht eine Rd = 6 Maschen

2.–7. Rd: 6 fM (6 Rd)

8. Rd: 2 fM, 3 Lm, 1 fM in die 2. Lm von der Nadel aus, 1 fM, 4 fM am Arm

9. Rd: 2 fM, 2 fM entlang der Lm, 1 Wendeluftmasche, die beiden Seiten des Arms flach aufeinanderlegen und jeweils durch zwei gegenüberliegende Maschen einstechen: 2 Kettmaschen. Es entsteht der Daumen. Weiter die restlichen Finger häkeln, dabei wie gewohnt in nur 1 Masche einstechen:
(4 Lm, 1 fM in die 2. Lm von der Nadel aus, 2 fM, 1 Kettmasche in die nächste Masche am Arm) x3,
1 Wendeluftmasche,
(3 fM in die letzten 3 Maschen des nächsten Fingers, 1 Wendeluftmasche, den Finger flach aufeinanderlegen und durch jeweils zwei gegenüberliegende Maschen häkeln: 3 Kettmaschen, 1 Kettmasche in die nächste Masche am Arm) x3
Den Faden abschneiden und durchziehen. Den Endfaden vernähen, der Anfangsfaden wird später zum Annähen genutzt. Optional den Arm leicht ausstopfen.

FÜSSE (2X HÄKELN)

Mit einem langen Anfangsfaden in Terracotta 7 Lm anschlagen und in Spiralrunden fM häkeln.

1. Rd: 2 fM in die 2. Lm von der Nadel aus, entlang der Lm-Kette häkeln: 4 fM in die letzte Lm, weiter an der anderen Seite der Lm-Kette in die noch freien Maschenglieder: 4 fM, 1 Masche verdoppeln = 20 Maschen

2. Rd: (1 Masche verdoppeln, 6 fM, 1 Masche verdoppeln) x2 = 20 Maschen

3. und 4. Rd: 20 fM (2 Rd)

5. Rd: nur in die hinteren Maschenglieder einstechen: (3 Maschen zusammen abmaschen, 2 Maschen zusammen abmaschen, 3 fM, 3 Maschen zusammen abmaschen) x2 = 12 Maschen

6. Rd: wieder in beide Maschenglieder einstechen: Je 2 Maschen zusammen abmaschen = 6 Maschen
Den Faden abschneiden und mit einer Wollnadel durch die Maschen der letzten Rd ziehen. Die Öffnung zusammenziehen, dabei eventuell noch etwas Füllwatte nachlegen. Den Faden vernähen. Den Fuß mit Füllwatte ausstopfen.

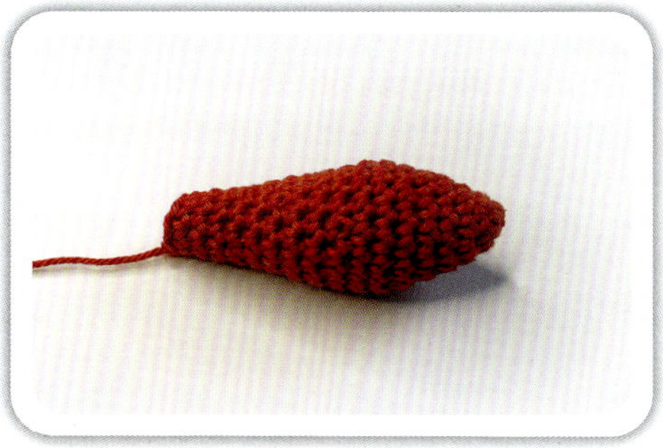

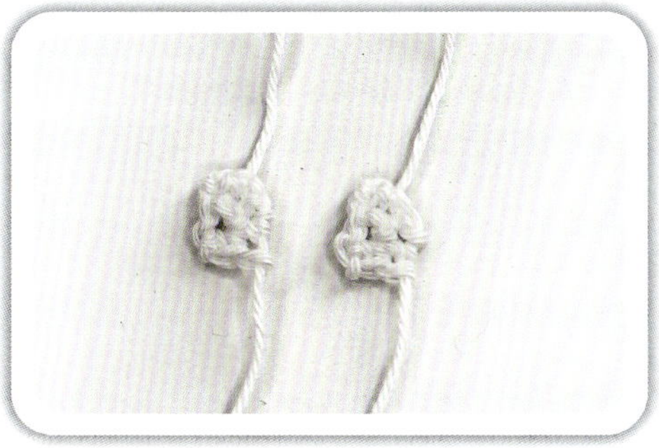

SCHWANZ

Einen Fadenring in Terracotta legen und in Spiralrunden fM häkeln.

1. Rd: 6 fM in den Fadenring
2. Rd: Jede 2. Masche verdoppeln = 9 Maschen
3. Rd: Jede 3. Masche verdoppeln = 12 Maschen
4. Rd: 12 fM
5. Rd: Jede 4. Masche verdoppeln = 15 Maschen
6. Rd: (1 fM, 1 Masche verdoppeln, 3 fM) x3 = 18 Maschen
7. und 8. Rd: 18 fM (2 Rd)
9. Rd: Jede 5. und 6. Masche zusammen abmaschen = 15 Maschen
10. und 11. Rd: 15 fM (2 Rd)
12. Rd: Jede 4. und 5. Masche zusammen abmaschen = 12 Maschen
13. Rd: 12 fM
14. Rd: Jede 3. und 4. Masche zusammen abmaschen = 9 Maschen
15. und 16. Rd: 9 fM (2 Rd)
17 Rd: 2 Maschen zusammen abmaschen, 7 fM = 8 Maschen

Den Faden zum späteren Annähen lang abschneiden und durchziehen, noch nicht vernähen. Den Schwanz mit Füllwatte ausstopfen.

AUGENFLECK (2X HÄKELN)

Einen Fadenring in Weiß legen und in R fM häkeln.

1. R: 2 fM in den Fadenring, 1 Wendeluftmasche
2. R: 2 fM, 1 Wendeluftmasche
3. R: 2 fM

Den Faden abschneiden und durchziehen, noch nicht vernähen.

Fertigstellen

Den Körper mit dem Endfaden unten am Kopf annähen. Die Ohren ab der 12. Rd beidseitig an den Kopf nähen, dabei zeigen die abgerundeten Außenkanten nach hinten. Arme zwischen der 18. und 19. Rd beidseitig an den Körper nähen, dabei darauf achten, dass die Daumen nach vorne zeigen. Den Bauchfleck in der vorderen Mitte auf dem Körper positionieren und rundum festnähen. Die Füße beidseitig der unteren Körpermitte, den Schwanz in der hinteren Mitte am unteren Körperrand annähen. Die Augenflecke beidseitig der Schnauze aufnähen und in Schwarz die Augen mit je 3 kleinen Plattstichen aufsticken.

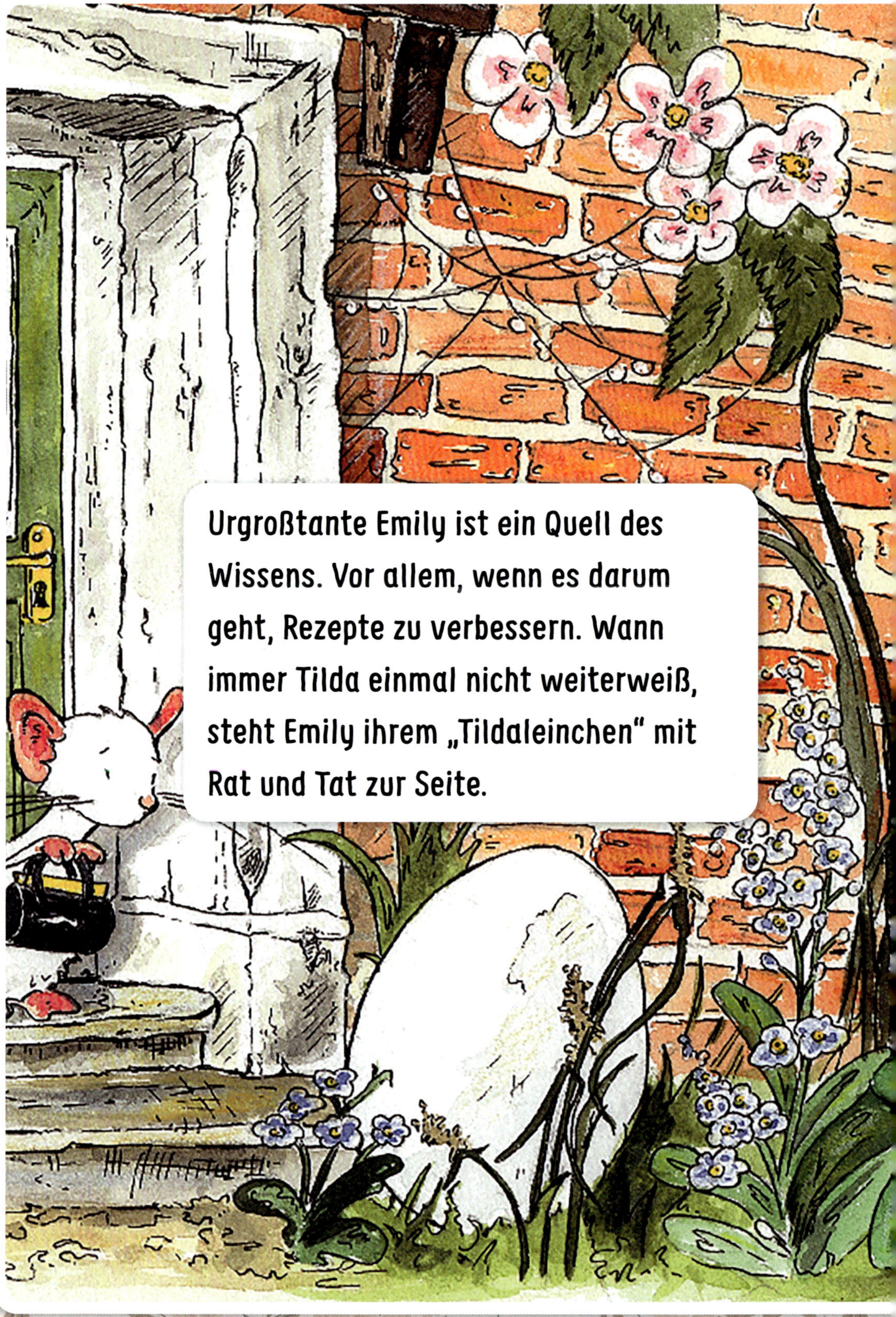

Urgroßtante Emily ist ein Quell des Wissens. Vor allem, wenn es darum geht, Rezepte zu verbessern. Wann immer Tilda einmal nicht weiterweiß, steht Emily ihrem „Tildaleinchen" mit Rat und Tat zur Seite.

Urgroßtante Emily

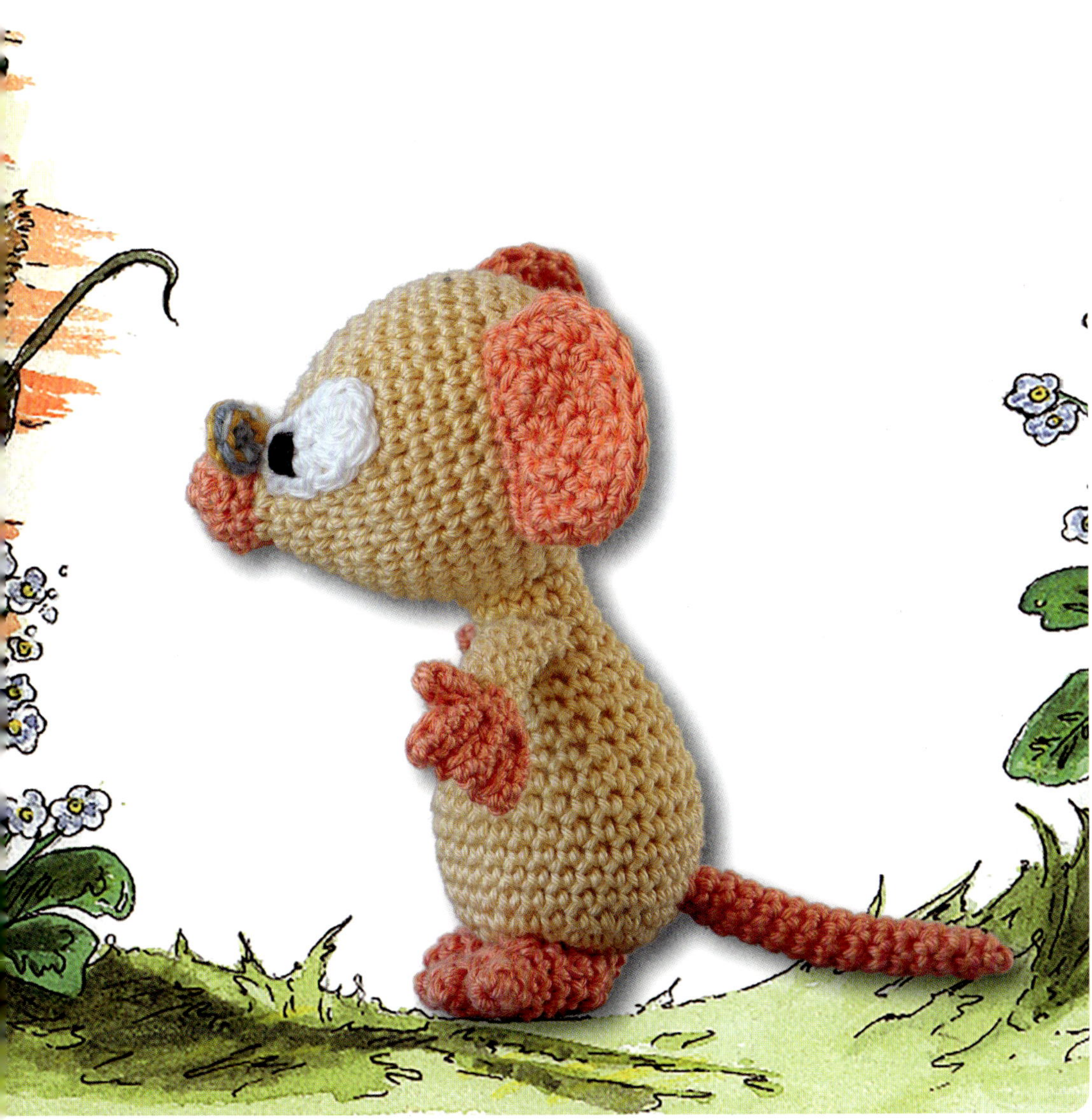

Anleitung

Größe: ca. 12 cm hoch

WIR BENÖTIGEN

- Häkelgarn: Schachenmayr Catania (100 % Baumwolle, Lauflänge ca. 125 m/50g) in den Farben Scampi 00427, Honig 00206, Weiß 00106, Denim 00421, Gold 00249 und Schwarz 00110
  alternativ: anderes Garn in Pink, Hellgelb, Weiß, Hellblau, Gold und Schwarz
- Häkelnadel Nr. 2,5–3,5 mm
- Füllwatte zum Ausstopfen
- Schere, Nähnadel
- optional Maschenmarkierer und Stecknadeln

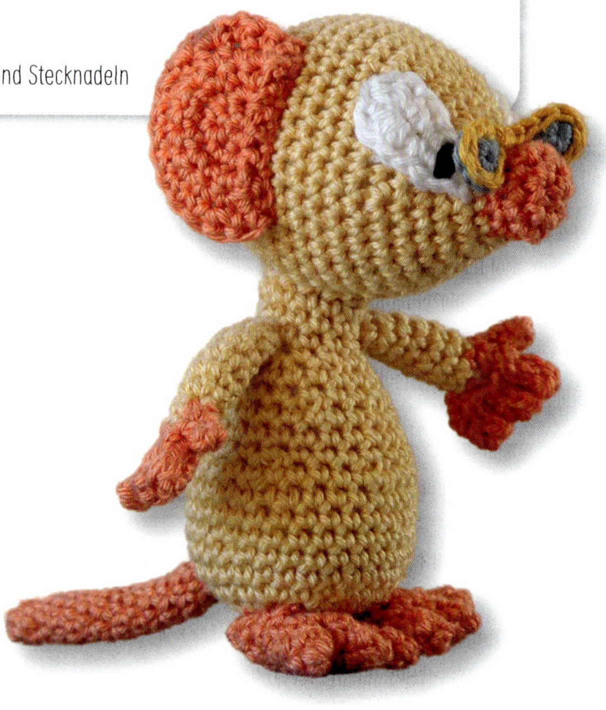

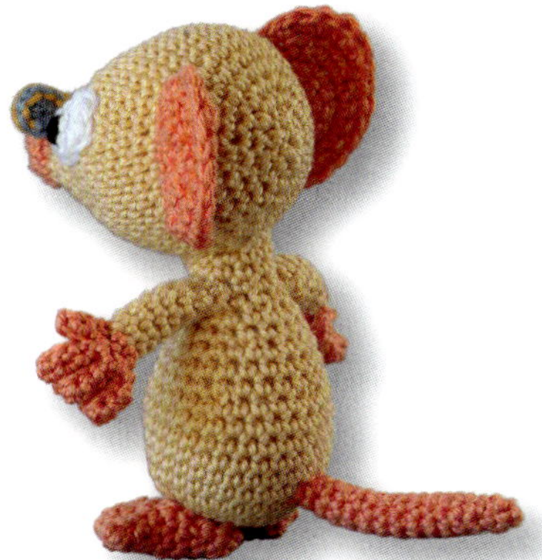

SO GEHT'S

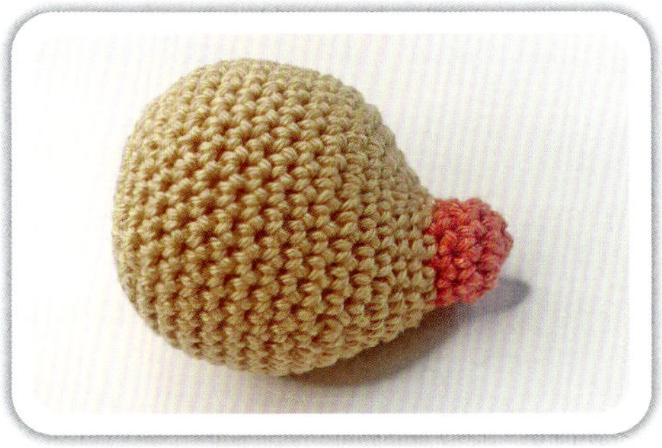

KOPF

Einen Fadenring in Scampi legen und in Spiralrunden fM häkeln.

1. Rd: 5 fM in den Fadenring
2. Rd: Jede Masche verdoppeln = 10 Maschen
3. Rd: 10 fM
4. Rd: Jede 4. und 5. Masche zusammen abmaschen = 8 Maschen
Den Faden abschneiden. Farbwechsel zu Honig.
5. Rd: Jede 2. Masche verdoppeln = 12 Maschen
6. Rd: (4 fM, 2 Maschen verdoppeln) x2 = 16 Maschen
7. Rd: 4 fM, 4 Maschen verdoppeln, 8 fM = 20 Maschen
8. Rd: Jede 5. Masche verdoppeln = 24 Maschen
9. Rd: 6 fM, 1 Masche verdoppeln, 1 fM, 2 Maschen verdoppeln, 1 fM, 1 Masche verdoppeln, 8 fM, 2 Maschen verdoppeln, 2 fM = 30 Maschen
10. Rd: (2 fM, 1 Masche verdoppeln, 2 fM) x6 = 36 Maschen
11.–18. Rd: 36 fM (8 Rd)
19. Rd: Jede 5. und 6. Masche zusammen abmaschen = 30 Maschen
20. Rd: Jede 4. und 5. Masche zusammen abmaschen = 24 Maschen
21. Rd: Jede 3. und 4. Masche zusammen abmaschen = 18 Maschen
Den Kopf mit Füllwatte ausstopfen.
22. Rd: Jede 2. und 3. Masche zusammen abmaschen = 12 Maschen
23. Rd: Je 2 Maschen zusammen abmaschen = 6 Maschen
Den Faden lang abschneiden und mit einer Wollnadel durch die Maschen der letzten Rd ziehen. Die Öffnung zusammenziehen, dabei eventuell noch etwas Füllwatte nachlegen. Den Faden vernähen.

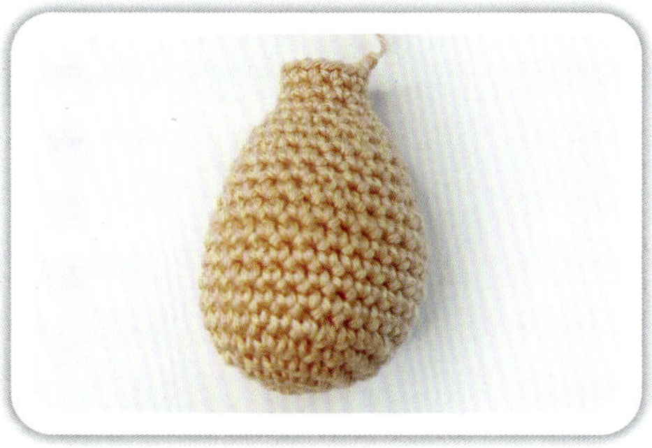

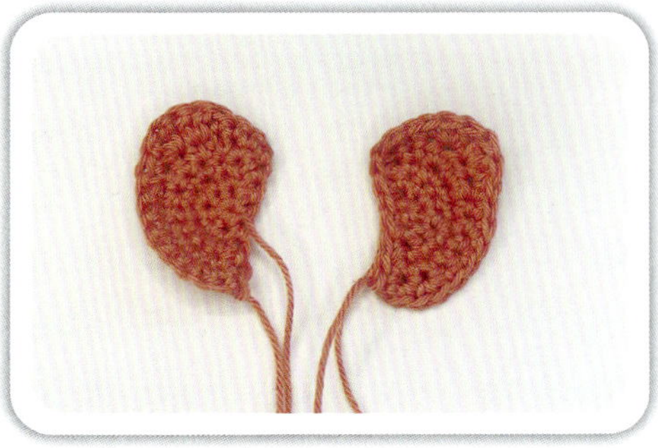

KÖRPER

Einen Fadenring in Honig legen und in Spiralrunden fM häkeln.

1. Rd: 6 fM in den Fadenring
2. Rd: Jede Masche verdoppeln = 12 Maschen
3. Rd: Jede 2. Masche verdoppeln = 18 Maschen
4. Rd: Jede 3. Masche verdoppeln = 24 Maschen
5. Rd: (1 fM, 1 Masche verdoppeln, 2 fM) x6 = 30 Maschen
6.–11. Rd: 30 fM (6 Rd)
12. Rd: Jede 4. und 5. Masche zusammen abmaschen = 24 Maschen
13. und 14. Rd: 24 fM (2 Rd)
15. Rd: Jede 3. und 4. Masche zusammen abmaschen = 18 Maschen
16. Rd: 18 fM
17. Rd: Jede 2. und 3. Masche zusammen abmaschen = 12 Maschen
18.–20. Rd: 12 fM (3 Rd)

Den Faden lang abschneiden und durchziehen, noch nicht vernähen. Den Körper mit Füllwatte ausstopfen.

OHREN (2X HÄKELN)

Einen Fadenring in Scampi legen und in R fM häkeln.

1. R: 5 fM in den Fadenring, 1 Wendeluftmasche
2. R: 1 Masche verdoppeln, 1 fM, 1 Masche verdoppeln, 1 fM, 1 Masche verdoppeln = 8 Maschen, 1 Wendeluftmasche
3. R: 2 fM, 1 Masche verdoppeln, 2 fM, 1 Masche verdoppeln, 2 fM = 10 Maschen, 1 Wendeluftmasche
4. R: 2 fM, 2 hStb verdoppeln, 5 fM, 1 Masche verdoppeln = 13 Maschen, 1 Wendeluftmasche
5. R: 1 fM, 1 Masche verdoppeln, 5 fM, 1 hStb, 2 Stb verdoppeln, 1 hStb, 2 fM = 16 Maschen, nicht wenden, entlang der Seitenkante weiterhäkeln: 1 fM in die letzte fM der 5. R, 2 Maschen zusammen abmaschen, dafür in die 1. fM der 4. R und die letzte fM der 3. R einstechen, je 1 fM in die 1. fM der 2. R sowie die letzte und 1. M der 1. R, 2 Maschen zusammen abmaschen, dafür in die letzte fM der 2. R und die 1. fM der 3. R einstechen, 1 fM in die letzte fM der 4. R und 1 Kettmasche in die erste fM der 5. R

Den Faden zum späteren Annähen lang abschneiden und durchziehen, noch nicht vernähen.

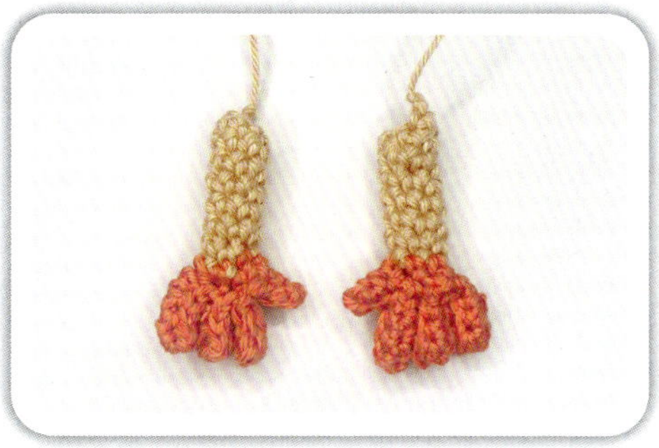

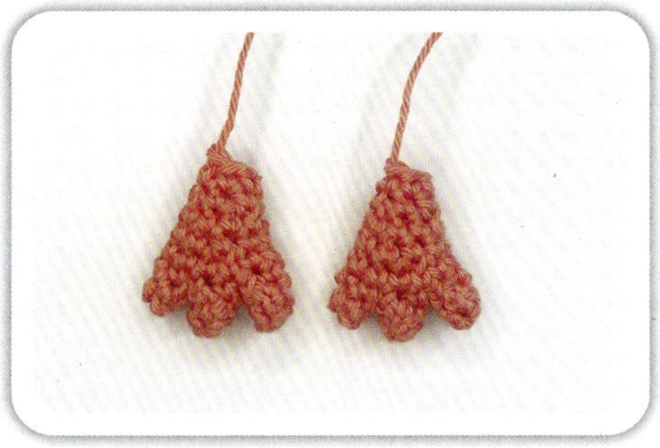

ARME (2X HÄKELN)

Mit einem langen Anfangsfaden in Honig 6 Lm anschlagen und in Spiralrunden fM häkeln.

1. Rd: Die Lm-Kette zu einem Kreis legen. Je 1 fM in die 1. - 6. Lm, es entsteht eine Rd = 6 Maschen

2.–7. Rd: 6 fM (6 Rd)

Den Faden abschneiden. Farbwechsel zu Scampi.

8. Rd: 2 fM, 3 Lm, 1 fM in die 2. Lm von der Nadel aus, 1 fM, 4 fM am Arm

9. Rd: 2 fM, 2 fM entlang der Lm, 1 Wendeluftmasche, die beiden Seiten des Arms flach aufeinanderlegen und jeweils durch zwei gegenüberliegende Maschen einstechen: 2 Kettmaschen. Es entsteht der Daumen. Weiter die restlichen Finger häkeln, dabei wieder in nur 1 Masche einstechen: (4 Lm, 1 fM in die 2. Lm von der Nadel aus, 2 fM, 1 Kettmasche in die nächste Masche am Arm) x3, 1 Wendeluftmasche, (3 fM in die letzten 3 Maschen des nächsten Fingers, 1 Wendeluftmasche, den Finger flach aufeinanderlegen und durch jeweils zwei gegenüberliegende Maschen einstechen: 3 Kettmaschen, 1 Kettmasche in die nächste Masche am Arm) x3

Den Faden abschneiden und durchziehen. Alle Fäden bis auf den honigfarbenen Anfangsfaden vernähen. Optional den Arm leicht ausstopfen.

FÜSSE (2X HÄKELN)
ZEHEN (3X HÄKELN)

Einen Fadenring in Scampi legen und in Spiralrunden fM häkeln.

1. Rd: 4 fM in den Fadenring

2. Rd: 4 fM

2 Zehen häkeln und den Faden abschneiden. Beim dritten Zeh den Faden nicht abschneiden und wie folgt weiterhäkeln:

3. Rd: 1 fM in eine beliebige Masche an einem der zwei anderen Zehen, 1 fM in die nächste Masche an demselben Zeh, 1 fM in eine beliebige Masche am letzten freien Zeh, je 1 fM in die folgenden 3 fM, je 1 fM in die noch freien 2 fM am mittleren Zeh und je 1 fM in die 4 fM am letzten (ursprünglich ersten) Zeh = 12 Maschen, über diese 12 M weiter in Spiralrunden häkeln

4. Rd: 12 fM

5. Rd: Jede 3. und 4. Masche zusammen abmaschen = 9 Maschen

6. Rd: 9 fM

7. Rd: Jede 2. und 3. Masche zusammen abmaschen = 6 Maschen

8. Rd: 6 fM

Den Faden zum späteren Annähen lang abschneiden und mit einer Wollnadel durch die Maschen der letzten Rd ziehen. Den Fuß etwas ausstopfen (es reicht auch, die Anfangs- und Endfäden der Zehen als Füllung zu verwenden). Die Öffnung zusammenziehen.

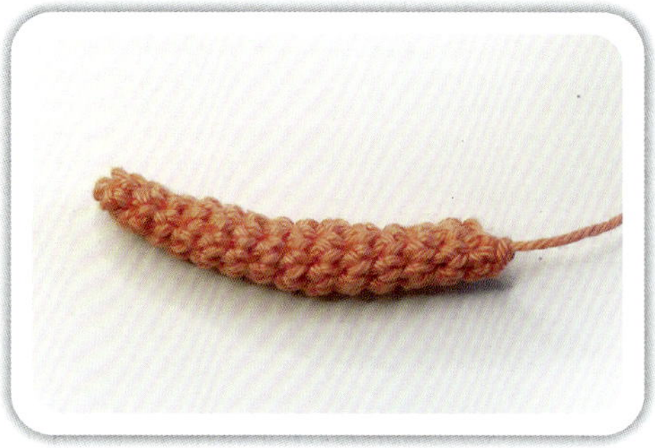

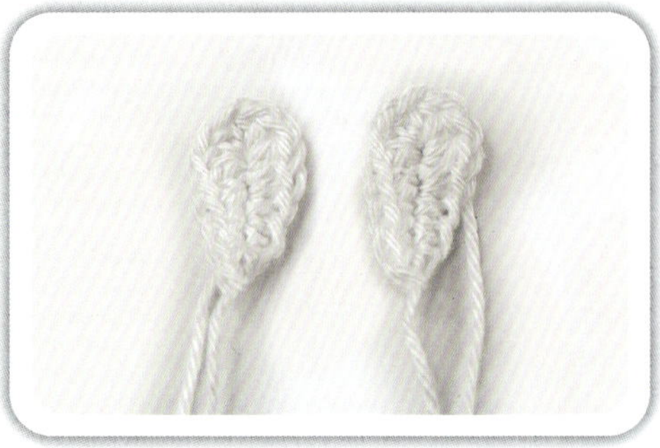

SCHWANZ

Einen Fadenring in Scampi legen und in Spiralrunden fM häkeln.

1. Rd: 4 fM in den Fadenring
2. Rd: 4 fM
3. Rd: 3 fM, 1 Masche verdoppeln = 5 Maschen
4. Rd: 5 fM
5. Rd: 1 fM, 1 Masche verdoppeln, 3 fM = 6 Maschen
6.–15. Rd: 6 fM (10 Rd)

Den Faden zum späteren Annähen lang abschneiden und durchziehen, noch nicht vernähen. Optional den Schwanz leicht ausstopfen.

AUGENFLECK (2X HÄKELN)

In Weiß 5 Lm anschlagen und in R fM häkeln.

1. Rd: 1 fM in die 2. Lm von der Nadel aus, entlang der Lm-Kette häkeln: 1 fM, 1 Masche verdoppeln, 6 hStb in die letzte Lm, weiter an der anderen Seite der Lm-Kette in die noch freien Maschenglieder: 1 Masche verdoppeln, 1 fM, 1 Masche verdoppeln, 1 Kettmasche in die 1. fM der Rd

Den Faden zum späteren Aufnähen lang abschneiden und durchziehen, noch nicht vernähen.

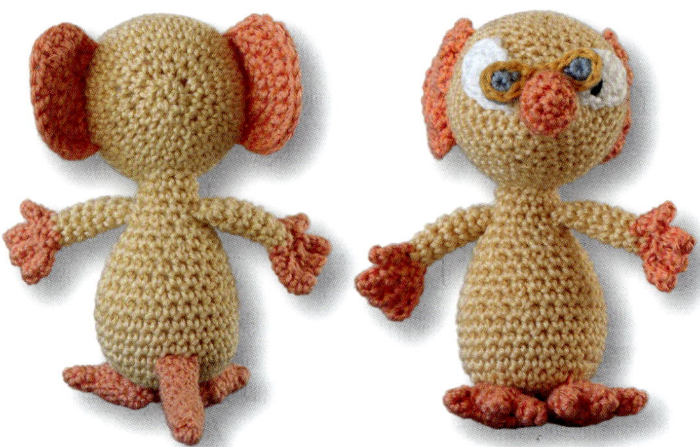

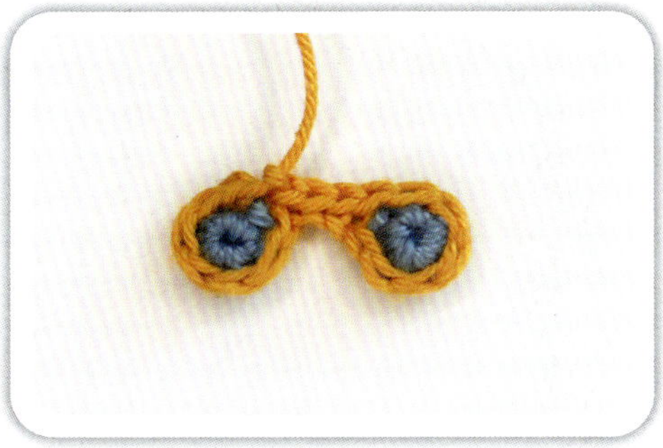

BRILLE

GLÄSER (2X HÄKELN)

Einen Fadenring in Denim legen und wie folgt fM häkeln.

1. Rd: 6 fM in den Fadenring, 1 Kettmasche in die 1. fM.

Den Faden abschneiden, durchziehen und vernähen.

GESTELL

In Gold an einer beliebigen Masche von einem Glas neu anschlagen.

In die 6 Maschen vom Glas häkeln: 6 Kettmaschen, 4 Lm, 1 Kettmasche in eine beliebige Masche vom 2. Glas, 5 Kettmaschen rundum das 2. Glas, entlang der 4 Lm zurück häkeln: 4 Kettmaschen, 1 Kettmasche in die Anfangsmasche.

Den Faden zum späteren Annähen lang abschneiden und durchziehen, noch nicht vernähen. Den goldfarbenen Anfangsfaden vernähen.

Fertigstellen

Den Körper mit dem Endfaden unten am Kopf annähen. Arme zwischen der 16. und 17. Rd beidseitig an den Körper nähen, dabei darauf achten, dass die Daumen nach vorne zeigen. Füße in der unteren Körpermitte annähen. Ohren zwischen der 15. und 16. Rd beidseitig an den Kopf nähen, dabei zwischen beiden Ohren ca. 10 fM Abstand lassen. Den Schwanz in der hinteren Mitte am unteren Körperrand festnähen. Die Augenflecke beidseitig der Schnauze aufnähen. In Schwarz die Augen mit je 3 kleinen Plattstichen aufsticken. Die Brille mittig auf die Schnauze nähen.

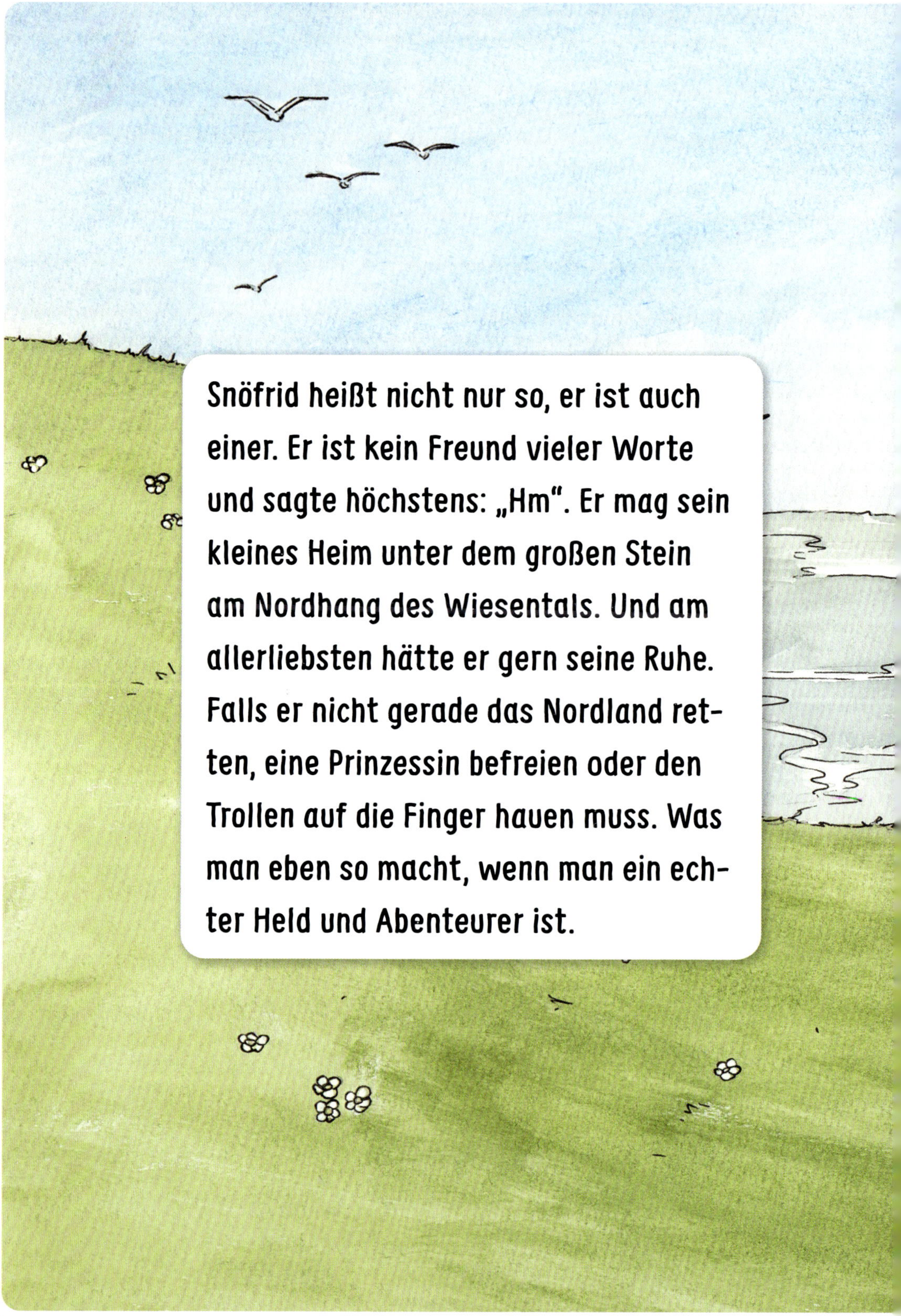

Snöfrid heißt nicht nur so, er ist auch einer. Er ist kein Freund vieler Worte und sagte höchstens: „Hm“. Er mag sein kleines Heim unter dem großen Stein am Nordhang des Wiesentals. Und am allerliebsten hätte er gern seine Ruhe. Falls er nicht gerade das Nordland retten, eine Prinzessin befreien oder den Trollen auf die Finger hauen muss. Was man eben so macht, wenn man ein echter Held und Abenteurer ist.

Snöfrid aus dem Wiesental

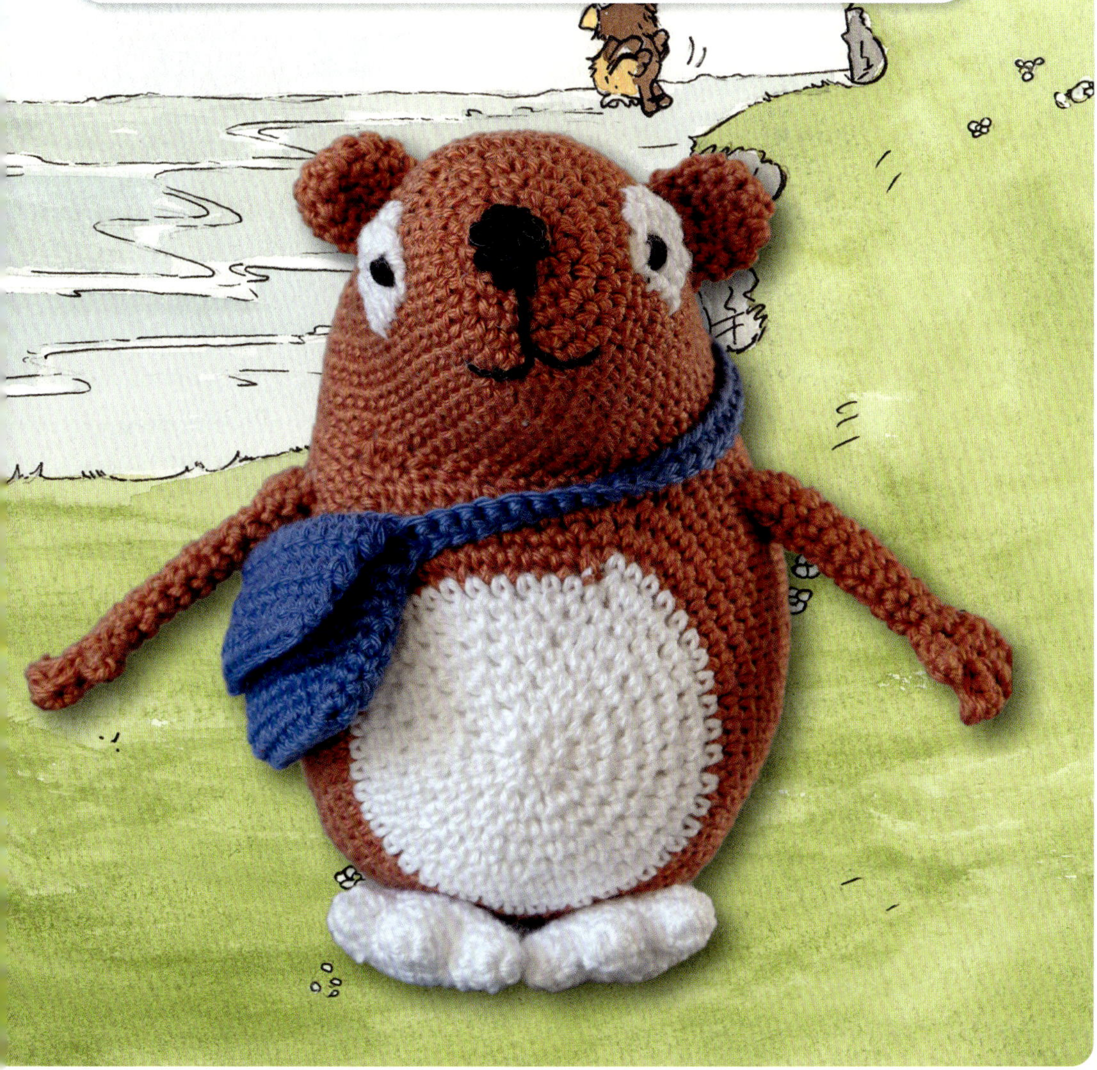

Anleitung

Größe: ca. 12 cm hoch

WIR BENÖTIGEN

- Häkelgarn: Schachenmayr Catania (100 % Baumwolle, Lauflänge ca. 125 m/50g) in den Farben Schwarz 00110, Fuchs 00426, Weiß 00106, Regatta 00261 alternativ: anderes Garn in Schwarz, Hellbraun, Weiß, Blau
- Häkelnadel Nr. 2,5–3,5 mm
- Füllwatte zum Ausstopfen
- Schere, Nähnadel
- optional Maschenmarkierer und Stecknadeln

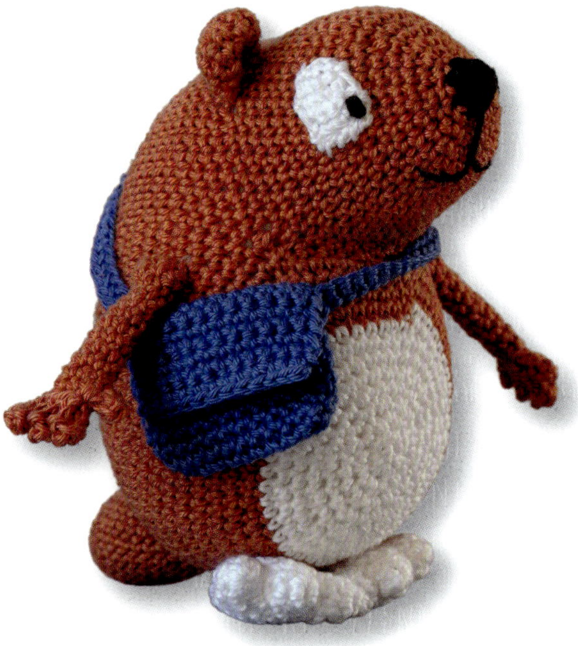

SO GEHT'S

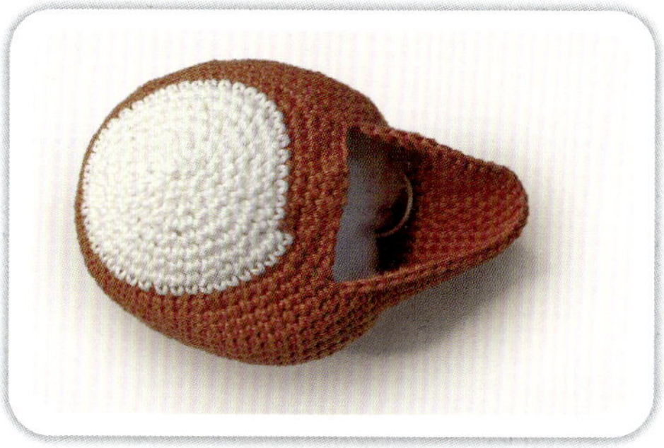

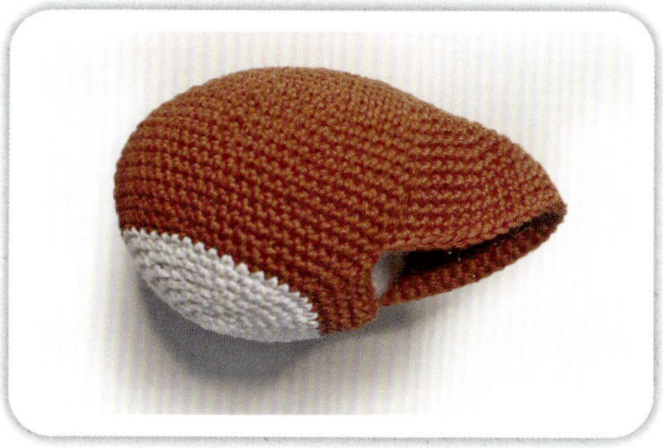

KÖRPER

Einen Fadenring in Fuchs legen und in Spiralrunden fM häkeln.

1. Rd: 6 fM in den Fadenring
2. Rd: Jede Masche verdoppeln = 12 Maschen
3. Rd: Jede 2. Masche verdoppeln = 18 Maschen
4. Rd: Jede 3. Masche verdoppeln = 24 Maschen
5. Rd: Jede 4. Masche verdoppeln = 30 Maschen
6. Rd: (1 fM, 1 Masche verdoppeln, 3 fM) x6 = 36 Maschen
7. Rd: Jede 6. Masche verdoppeln = 42 Maschen
8. Rd: (2 fM, 1 Masche verdoppeln, 4 fM) x6 = 48 Maschen
9. Rd: Jede 8. Masche verdoppeln = 54 Maschen
10. Rd: (3 fM, 1 Masche verdoppeln, 5 fM) x6 = 60 Maschen
11. Rd: Jede 10. Masche verdoppeln = 66 Maschen
12. Rd: (4 fM, 1 Masche verdoppeln, 6 fM) x6 = 72 Maschen
13. Rd: Jede 12. Masche verdoppeln = 78 Maschen
14. Rd: (5 fM, 1 Masche verdoppeln, 7 fM) x6 = 84 Maschen
15. Rd: Jede 14. Masche verdoppeln = 90 Maschen
16.–19. Rd: 90 fM (4 Rd)
20. Rd: 75 fM, 12 Lm, die nächsten 30 Maschen überspringen. Den Maschenmarkierer entfernen.
21. Rd: 1 fM in die 31. Masche und den Maschenmarkierer vor dieser Masche neu setzen = neuer Rundenanfang, 60 fM, 12 fM in die Lm der Vorrunde = 72 Maschen. Über diese 72 Maschen den Bauch häkeln, die kleinere Öffnung bleibt für den Kopf vorerst offen.
22. Rd: Jede 11. und 12. Masche zusammen abmaschen = 66 Maschen
23. Rd: (4 fM, 2 Maschen zusammen abmaschen, 5 fM) x6 = 60 Maschen
24. Rd: Jede 9. und 10. Masche zusammen abmaschen = 54 Maschen
Den Faden abschneiden. Farbwechsel zu Weiß.
25. Rd: (3 fM, 2 Maschen zusammen abmaschen, 4 fM) x6 = 48 Maschen

26. Rd: Jede 7. und 8. Masche zusammen abmaschen = 42 Maschen

27. Rd: (2 fM, 2 Maschen zusammen abmaschen, 3 fM) x6 = 36 Maschen

28. Rd: Jede 5. und 6. Masche zusammen abmaschen = 30 Maschen

29. Rd: (1 fM, 2 Maschen zusammen abmaschen, 2 fM) x6 = 24 Maschen

30. Rd: Jede 3. und 4. Masche zusammen abmaschen = 18 Maschen

Den Kopf mit Füllwatte ausstopfen.

31. Rd: Jede 2. und 3. Masche zusammen abmaschen = 12 Maschen

32. Rd: Je 2 Maschen zusammen abmaschen = 6 Maschen

Den Faden lang abschneiden und mit einer Wollnadel durch die Maschen der letzten Rd ziehen. Die Öffnung zusammenziehen und den Faden vernähen. Den Körper mit Füllwatte ausstopfen.

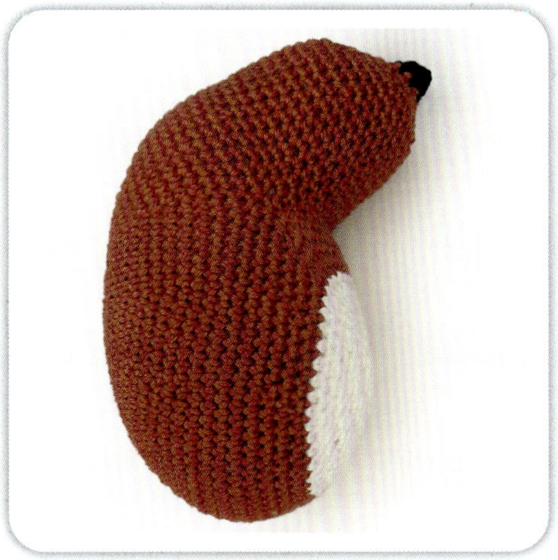

KOPF

In Fuchs den Faden an der 1. übersprungenen Masche der 19. Rd des Körpers neu anschlingen und in Spiralrunden fM häkeln.

1. Rd: 30 fM, 12 fM entlang der Lm-Kette = 42 Maschen

2. Rd: Jede 6. und 7. Masche zusammen abmaschen = 36 Maschen

3.–10. Rd: 36 fM (8 Rd)

Den Körper und den Kopf weiter mit Füllwatte ausstopfen.

11. Rd: Jede 5. und 6. Masche zusammen abmaschen = 30 Maschen

12. Rd: 30 fM

13. Rd: 8 fM, (2 Maschen zusammen abmaschen) x6, 10 fM = 24 Maschen

14. Rd: 20 fM, (2 Maschen zusammen abmaschen) x2 = 22 Maschen

15. Rd: 8 fM, (2 Maschen zusammen abmaschen) x3, 6 fM, 2 Maschen zusammen abmaschen = 18 Maschen

Den Kopf mit Füllwatte ausstopfen.

16. Rd: Jede 2. und 3. Masche zusammen abmaschen = 12 Maschen

17. Rd: Jede 2. und 3. Masche zusammen abmaschen = 8 Maschen

Den Faden abschneiden. Farbwechsel zu Schwarz,

18. Rd: 8 fM

19. Rd: Je 2 Maschen zusammen abmaschen = 4 Maschen

Den Faden abschneiden und mit einer Wollnadel durch die Maschen der letzten Rd ziehen. Die Öffnung zusammenziehen und den Faden vernähen, dabei eventuell noch etwas Füllwatte nachlegen.

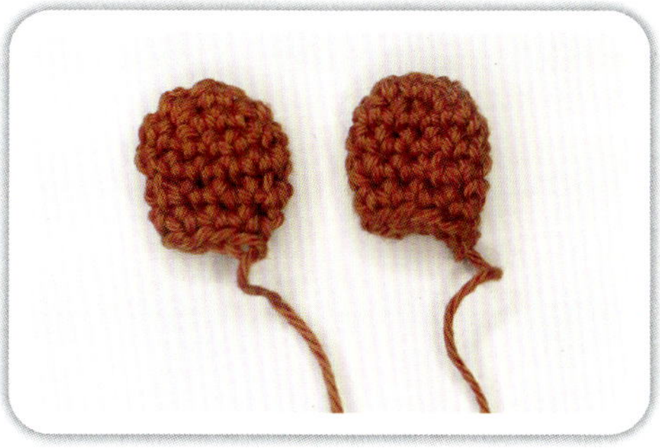

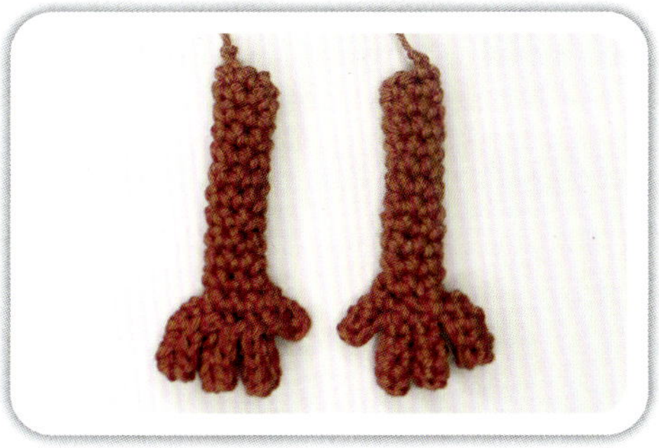

OHREN (2X HÄKELN)

Einen Fadenring in Fuchs legen und in Spiralrunden fM häkeln.

1. Rd: 6 fM in den Fadenring
2. Rd: Jede Masche verdoppeln = 12 Maschen
3. und 4. Rd: 12 fM (2 Rd)
5. Rd: Jede 3. und 4. Masche zusammen abmaschen = 9 Maschen
6. Rd: 9 fM, 1 Kettmasche in die 1. fM der Rd
Den Faden zum späteren Annähen lang abschneiden und durchziehen, noch nicht vernähen.

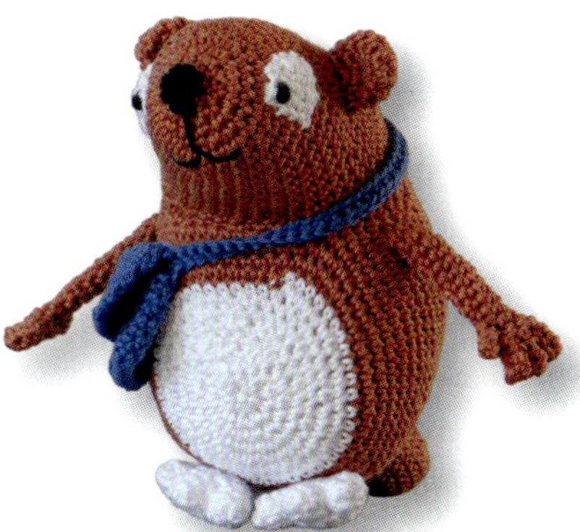

ARME (2X HÄKELN)

Mit einem langen Anfangsfaden in Fuchs 6 Lm anschlagen und in Spiralrunden fM häkeln.

1. Rd: Die Lm-Kette zu einem Kreis legen. Je 1 fM in die 1.–6. Lm, es entsteht eine Rd = 6 Maschen
2.–11. Rd: 6 fM (10 Rd)
12. Rd: 2 fM, 3 Lm, 1 fM in die 2. Lm von der Nadel aus, 1 fM, 4 fM am Arm
13. Rd: 2 fM, 2 fM entlang der Lm, 1 Wendeluftmasche, die beiden Seiten des Arms flach aufeinanderlegen und jeweils durch zwei gegenüberliegende Maschen einstechen: 2 Kettmaschen. Es entsteht der Daumen. Weiter die restlichen Finger häkeln, dabei wieder nur in 1 Masche einstechen:
(4 Lm, 1 fM in die 2. Lm von der Nadel aus, 2 fM, 1 Kettmasche in die nächste Masche am Arm) x3,
1 Wendeluftmasche,
(3 fM in die letzten 3 Maschen des nächsten Fingers, 1 Wendeluftmasche, den Finger flach aufeinanderlegen und durch jeweils zwei gegenüberliegende Maschen häkeln: 3 Kettmaschen, 1 Kettmasche in die nächste Masche am Arm) x3
Den Faden abschneiden und durchziehen. Den Endfaden vernähen, der Anfangsfaden wird später zum Annähen genutzt. Optional den Arm leicht ausstopfen.

FÜSSE (2X HÄKELN)
ZEHEN (3X HÄKELN)

Einen Fadenring in Weiß legen und in Spiralrunden fM häkeln.

1. Rd: 6 fM in den Fadenring
2. Rd: 6 fM

2x den Faden abschneiden und durchziehen. Beim dritten Zeh den Faden nicht abschneiden und wie folgt weiterhäkeln:

3. Rd: 1 fM in eine beliebige Masche an einem der zwei anderen Zehen, je 1 fM in die fogenden 2 Maschen an demselben Zeh, 1 fM in eine beliebige Masche am letzten freien Zeh, je 1 fM in die folgenden 5 fM, je 1 fM in die noch freien 3 fM am mittleren und je 1 fM in die 6 fM am letzten (ursprünglich ersten) Zeh = 18 Maschen, über diese 18 Maschen in Spiralrunden weiterhäkeln.
4. Rd: Jede 5. und 6. Masche zusammen abmaschen = 15 Maschen
5. Rd: Jede 4. und 5. Masche zusammen abmaschen = 12 Maschen
6. Rd: Jede 3. und 4. Masche zusammen abmaschen = 9 Maschen
7.–9. Rd: 9 fM (3 Rd)
10. Rd: Jede 2. und 3. Masche zusammen abmaschen = 6 Maschen

Den Faden lang abschneiden und mit einer Wollnadel durch die Maschen der letzten Rd ziehen. Den Fuß etwas ausstopfen. Die Öffnung zusammenziehen. Den Faden zum späteren Annähen lang abschneiden und durchziehen, noch nicht vernähen.

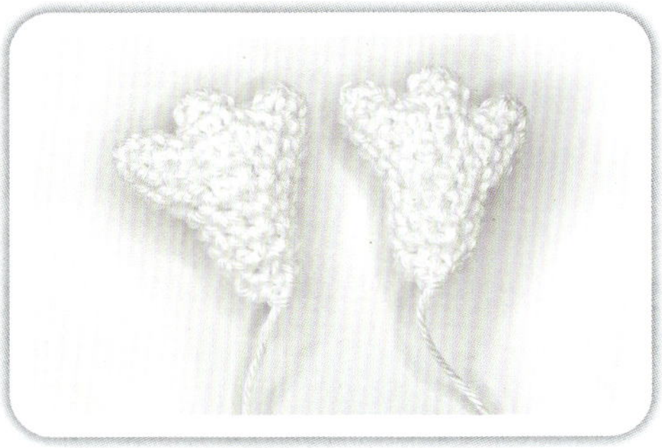

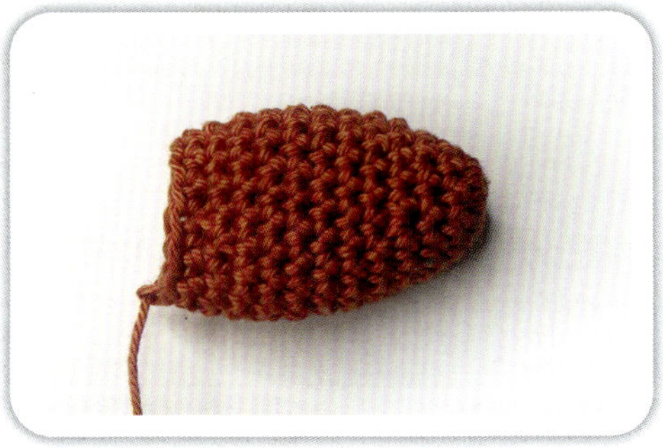

SCHWANZ

Einen Fadenring in Fuchs legen und in Spiralrunden fM häkeln.

1. Rd: 6 fM in den Fadenring
2. Rd: Jede Masche verdoppeln = 12 Maschen
3. Rd: 12 fM
4. Rd: Jede 4. Masche verdoppeln = 15 Maschen
5. Rd: (1 fM, 1 Masche verdoppeln, 3 fM) x3 = 18 Maschen
6.–11. Rd: 18 fM (6 Rd)
12. Rd: Jede 5. und 6. Masche zusammen abmaschen = 15 Maschen
13. Rd: Jede 4. und 5. Masche zusammen abmaschen =12 Maschen

Den Faden lang abschneiden und durchziehen, noch nicht vernähen. Den Schwanz mit Füllwatte ausstopfen.

AUGENFLECK (2X HÄKELN)

Einen Fadenring in Weiß legen und in R fM häkeln.

1. R: 2 fM in den Fadenring, 1 Wendeluftmasche

2. R: Jede Masche verdoppeln = 4 Maschen, 1 Wendeluftmasche

3. und 4. Rd: 4 fM, 1 Wendeluftmasche (2 R)

5. Rd: 4 fM

Den Faden abschneiden und durchziehen, noch nicht vernähen.

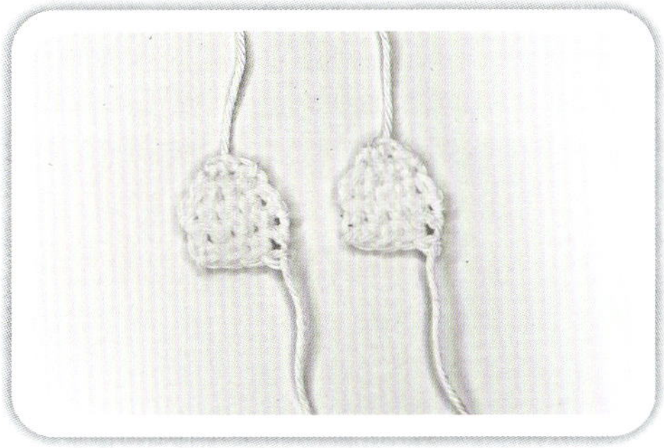

TASCHE

In Regatta 11 Lm anschlagen und in Spiralrunden fM häkeln.

1. Rd: je 1 fM in die 2.–10. Lm von der Nadel aus, 3 fM in die letzte Lm, weiter an der anderen Seite der Lm-Kette in die noch freien Maschenglieder: 8 fM, 1 Masche verdoppeln = 22 Maschen

2. Rd: (11 fM, 1 Masche verdoppeln) x2 = 24 Maschen

3.–8. Rd: 24 fM (6 Rd)

9. Rd: 2 fM, 50 Lm, die nächsten 12 Maschen überspringen, nur in die hinteren Maschenglieder einstechen: 12 Stb

10. Rd: in die 50 Lm der Lm-Kette: 50 fM, weiter häkeln in die 12 Stb, dabei nur in die hinteren Maschenglieder einstechen: 12 fM, 1 Wendeluftmasche, die Tasche in R fertig häkeln:

1. R: wieder in beide Maschenglieder einstechen: 12 fM, 1 Wendeluftmasche

2.–5. R: 12 fM, 1 Wendeluftmasche (4 R)

6. R: 12 fM

Den Faden abschneiden und durchziehen. Alle Fäden vernähen.

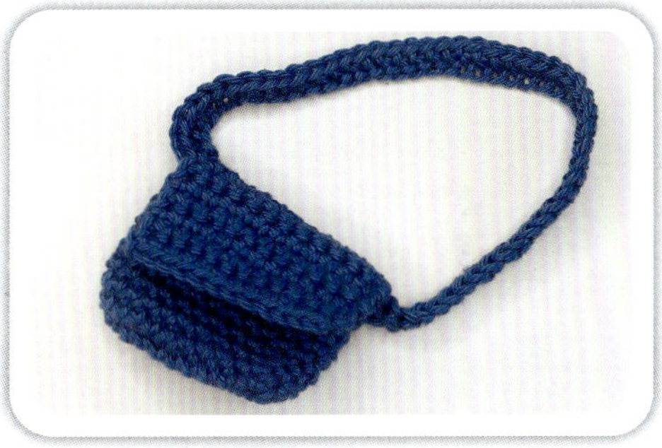

Fertigstellen

Die Ohren flach zusammendrücken und zwischen der 1. und 2. Kopf-Rd annähen, dabei zwischen beiden Ohren 8 fM Abstand lassen. Die Arme beidseitig am Körper annähen. Die Füße beidseitig der unteren Mitte, den Schwanz in der hinteren Mitte an den Körper nähen. Die Augenflecke zwischen der Schnauze und den Ohren an den Kopf nähen. In Schwarz die Augen mit je 3 kleinen Plattstichen, den Mund mit Spannstichen aufsticken. Die Tasche umhängen.

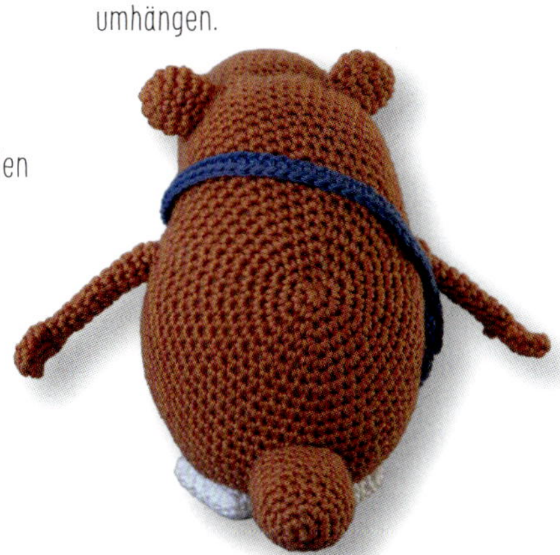

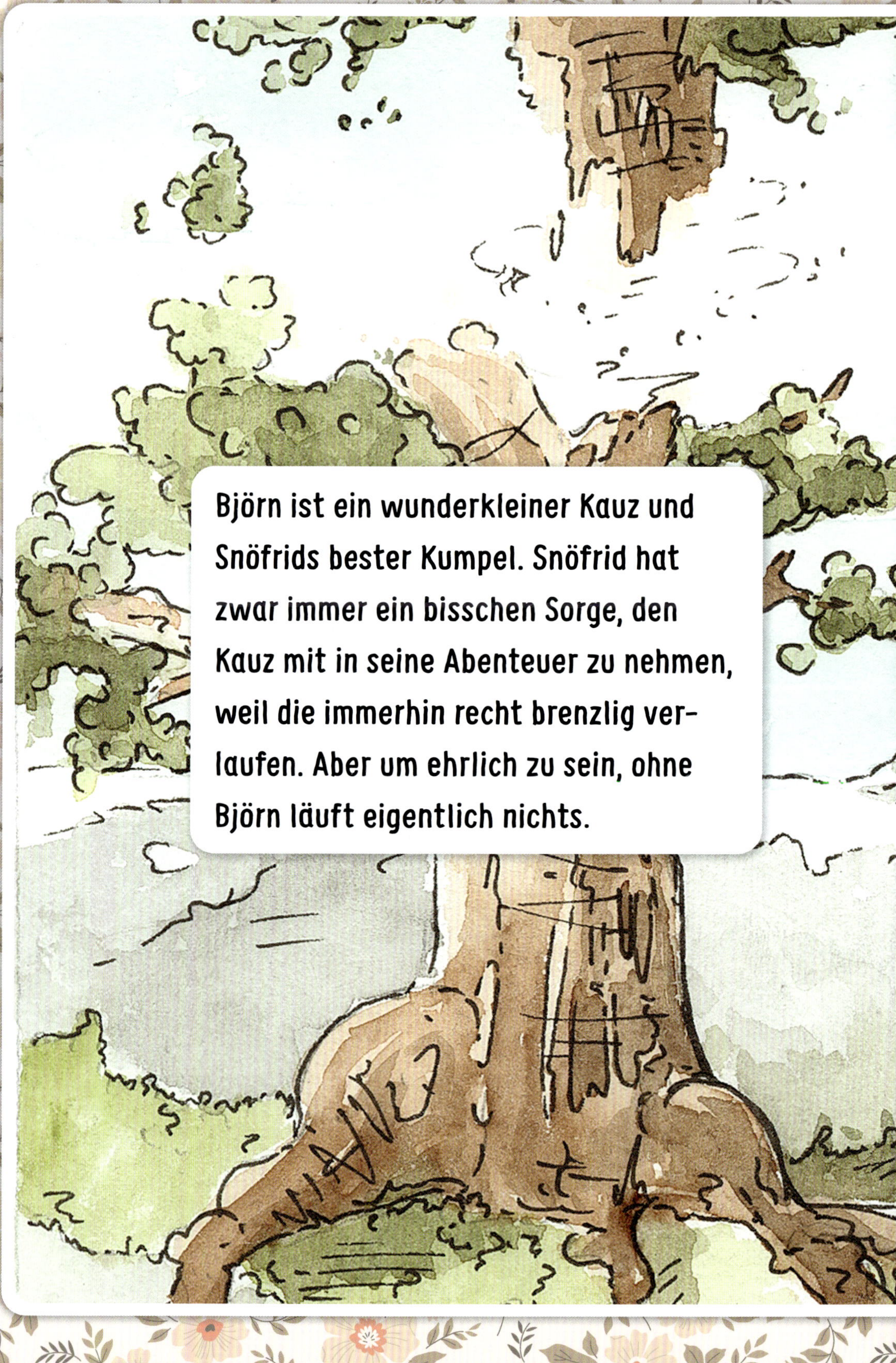

Björn ist ein wunderkleiner Kauz und Snöfrids bester Kumpel. Snöfrid hat zwar immer ein bisschen Sorge, den Kauz mit in seine Abenteuer zu nehmen, weil die immerhin recht brenzlig verlaufen. Aber um ehrlich zu sein, ohne Björn läuft eigentlich nichts.

Björn

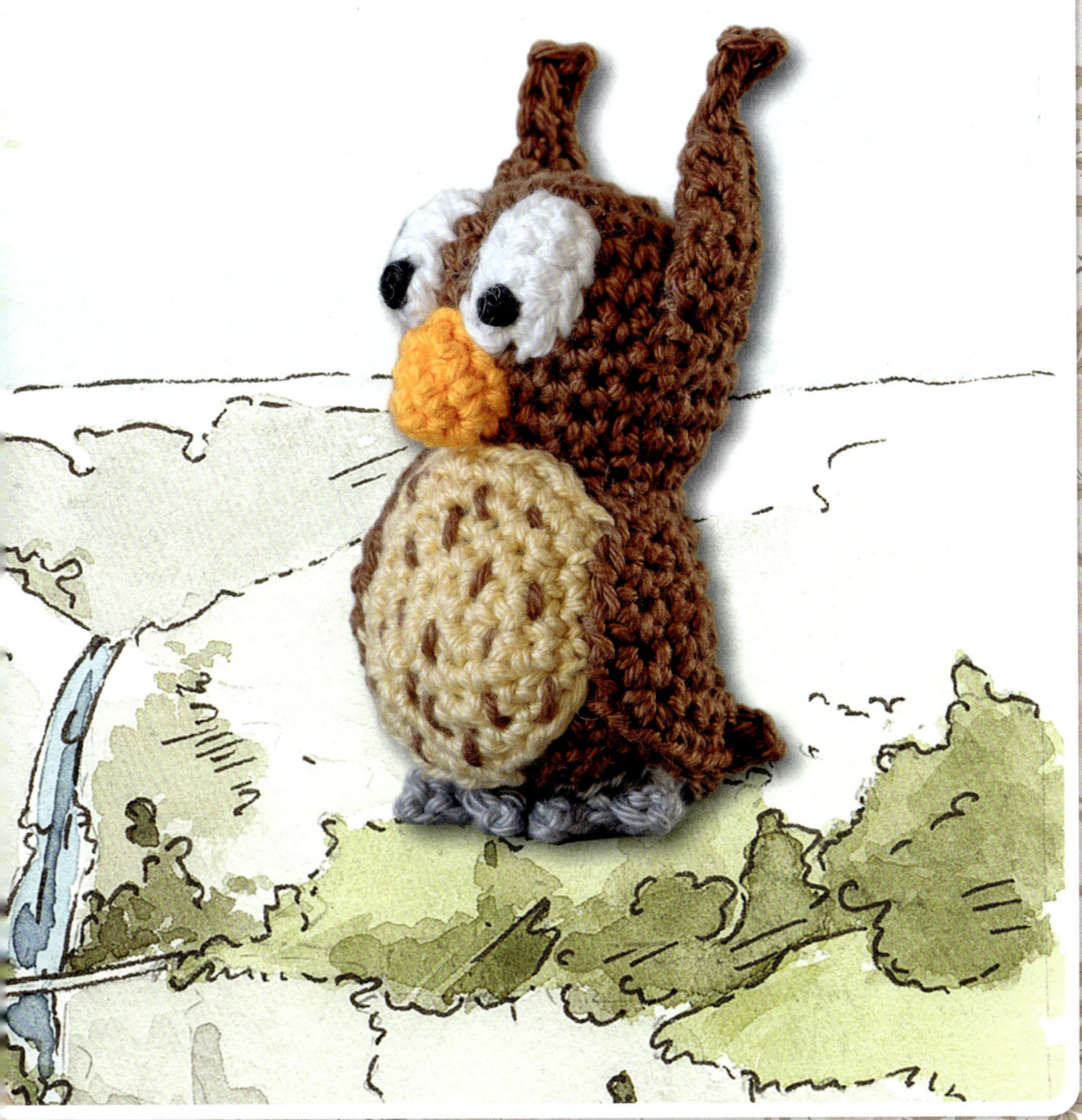

Anleitung

Größe: ca. 8 cm hoch

WIR BENÖTIGEN

- Häkelgarn: Schachenmayr Catania (100 % Baumwolle, Lauflänge ca. 125 m/50g) in den Farben Marone 00157, Honig 00206, Rauchgrau 00435, Mango 00411, Weiß 00106 und Schwarz 00110,
  alternativ: anderes Garn in Braun, Gelb, Grau, Orange, Weiß und Schwarz
- Häkelnadel Nr. 2,5–3,5
- Füllwatte zum Ausstopfen
- Schere, Nähnadel
- optional Maschenmarkierer und Stecknadeln

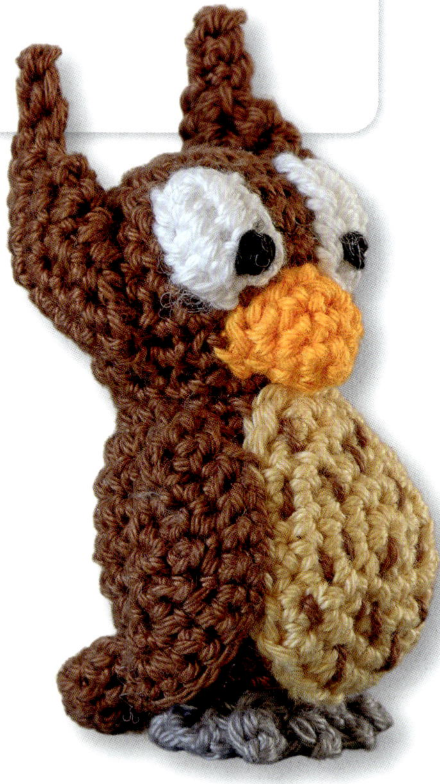

SO GEHT'S

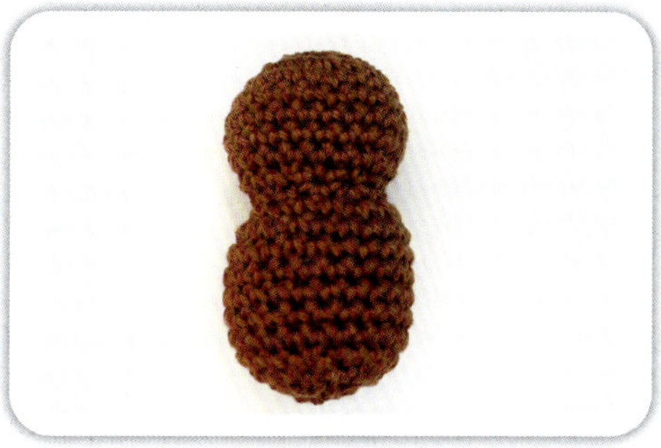

KOPF UND KÖRPER

Einen Fadenring in Marone legen und in Spiralrunden fM häkeln.

1. Rd: 6 fM in den Fadenring
2. Rd: Jede Masche verdoppeln = 12 Maschen
3. Rd: Jede 2. Masche verdoppeln = 18 Maschen
4. Rd: Jede 3. Masche verdoppeln = 24 Maschen
5.–8. Rd: 24 fM (4 Rd)
9. Rd: Jede 3. und 4. Masche zusammen abmaschen = 18 Maschen
10. Rd: Jede 2. und 3. Masche zusammen abmaschen = 12 Maschen
Den Kopf mit Füllwatte ausstopfen.
11. Rd: Jede 2. Masche verdoppeln = 18 Maschen
12. Rd: Jede 3. Masche verdoppeln = 24 Maschen
13.–18. Rd: 24 fM (6 Rd)
19. Rd: Jede 3. und 4. Masche zusammen abmaschen = 18 Maschen
20. Rd: Jede 2. und 3. Masche zusammen abmaschen = 12 Maschen
Den Körper mit Füllwatte ausstopfen.
21. Rd: Je 2 Maschen zusammen abmaschen = 6 Maschen
Den Faden lang abschneiden und mit einer Wollnadel durch die Maschen der letzten Rd ziehen. Die Öffnung zusammenziehen, dabei eventuell noch etwas Füllwatte nachlegen. Den Faden vernähen.

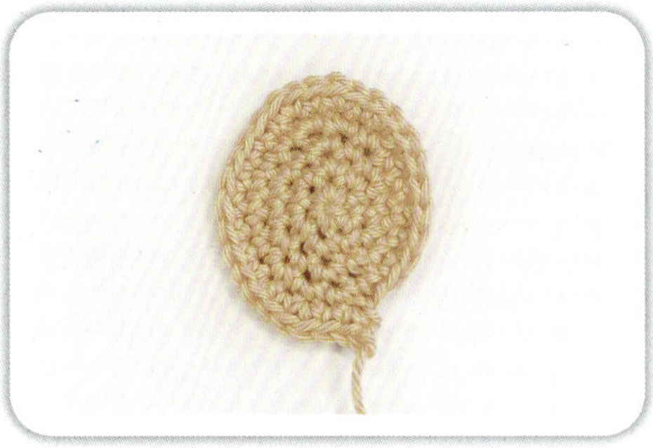

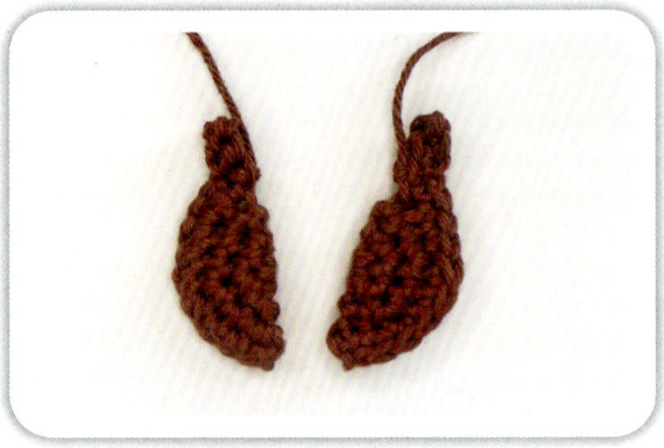

BAUCHFLECK

Einen Fadenring in Honig legen und in Spiralrunden fM häkeln.

1. Rd: 6 fM in den Fadenring

2. Rd: Jede Masche verdoppeln = 12 Maschen

3. Rd: Jede 2. Masche verdoppeln = 18 Maschen

4. Rd: (6 fM, 3 Maschen verdoppeln) x2 = 24 Maschen

5. Rd: 6 fM, (1 fM, 1 Masche verdoppeln) x3, 6 fM, (1 fM, 1 Masche verdoppeln) x3 = 30 Maschen

Den Faden zum späteren Aufnähen lang abschneiden und durchziehen, noch nicht vernähen.

OHREN (2X HÄKELN)

Einen Fadenring in Marone legen und in Spiralrunden fM häkeln.

1. Rd: 6 fM in den Fadenring

2. Rd: Jede Masche verdoppeln = 12 Maschen

3. Rd: Jede 2. Masche verdoppeln = 18 Maschen, 1 Wendeluftmasche, das Ohr flach aufeinanderlegen, sodass ein Halbkreis entsteht und in jeweils 2 gegenüberliegende Maschen einstechen:

1. R: 9 fM, 4 Lm, je 1 fM in die 2.–4. Lm von der Nadel aus, 1 Kettmasche in die gleichen 2 Maschen wie die letzte Masche der 9 fM.

Den Faden zum späteren Annähen lang abschneiden und durchziehen, noch nicht vernähen.

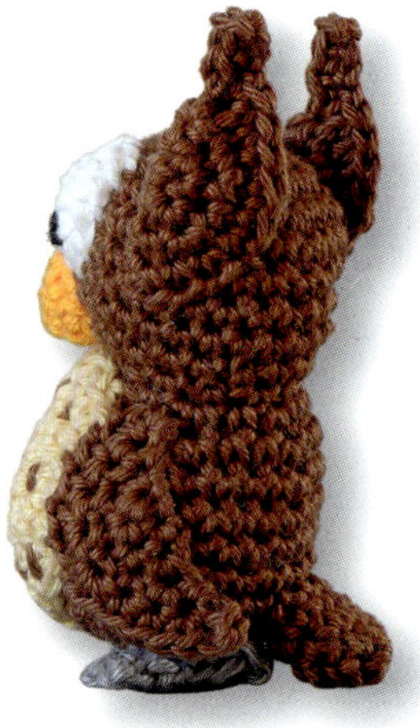

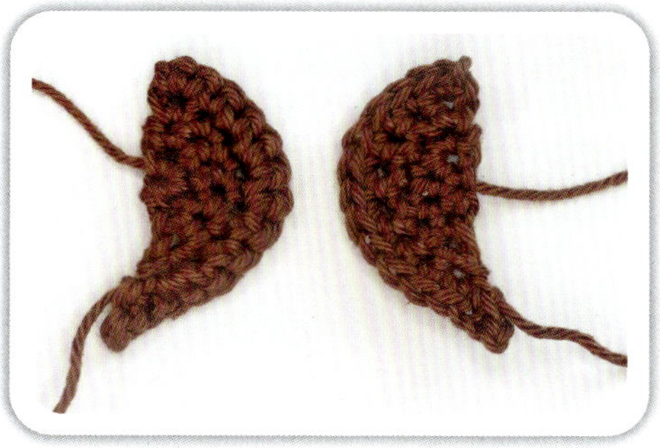

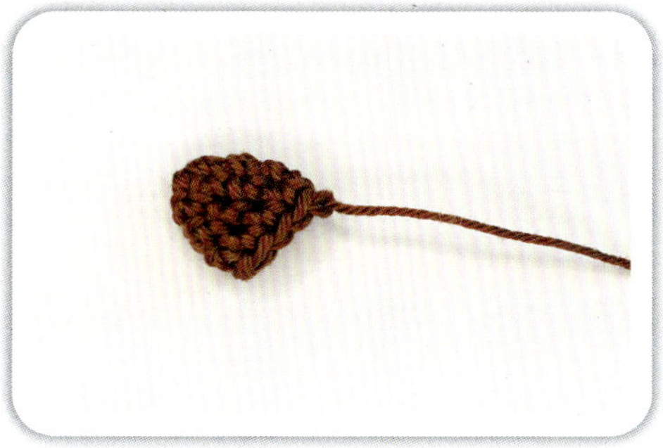

FLÜGEL (2X HÄKELN)

Einen Fadenring in Marone legen und in R fM häkeln.

1. R: 4 fM in den Fadenring, *1* Wendeluftmasche

2. R: *1* Masche verdoppeln, 2 fM, 1 Masche verdoppeln = 6 Maschen, *1* Wendeluftmasche

3. R: *1* Masche verdoppeln, 4 fM, 1 Masche verdoppeln = 8 Maschen, *1* Wendeluftmasche

4. R: *1* Masche verdoppeln, 2 fM, 2 Maschen verdoppeln, 2 fM, *1* Masche verdoppeln, 3 Lm, 1 Km in die 2. Lm von der Nadel aus, 1 fM, *1* Km in dieselbe Masche wie die letzten 2 Maschen an der Rd.

Den Faden zum späteren Annähen lang abschneiden und durchziehen, noch nicht vernähen.

SCHWANZ

Einen Fadenring in Marone legen und in Spiralrunden fM häkeln.

1. Rd: 6 fM in den Fadenring

2. Rd: Jede 2. Masche verdoppeln = 9 Maschen

3. und 4. Rd: 9 fM (2 Rd)

Den Faden zum späteren Annähen lang abschneiden und durchziehen, noch nicht vernähen. Optional den Schwanz leicht ausstopfen.

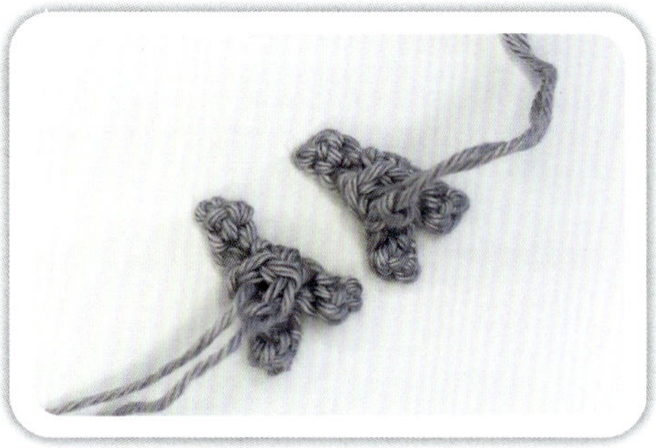

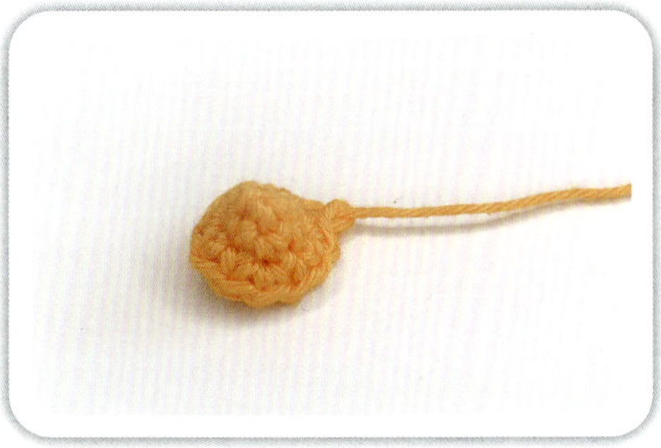

FÜSSE (2X HÄKELN)

Einen Fadenring in Rauchgrau legen und in Spiralrunden fM häkeln.

1. Rd: 1 fM in den Fadenring, 3 Lm, je 1 fM in die 2. und 3. Lm von der Nadel aus, 2 fM in den Fadenring, (3 Lm, je 1 fM in die 2. und 3. Lm von der Nadel aus, 1 fM in den Fadenring) x2 = 5 Maschen + 3 Zehen

2. Rd: stets in die hinteren Maschenglieder einstechen: (1 fM, den Zeh vor der Nadel liegen lassen, 2 fM, den nächsten Zeh vor der Nadel liegen lassen, 1 fM, den letzten Zeh vor der Nadel liegen lassen, 1 fM) = 5 Maschen

Den Faden zum späteren Annähen lang abschneiden und durchziehen, noch nicht vernähen.

SCHNABEL

Einen Fadenring in Mango legen und in Spiralrunden fM häkeln.

1. Rd: 4 fM in den Fadenring

2. Rd: 3 Maschen verdoppeln, 1 fM = 7 Maschen

3. Rd: (1 fM, 1 Masche verdoppeln) x3, 1 fM = 10 Maschen

Den Faden zum späteren Annähen abschneiden und durchziehen, noch nicht vernähen.

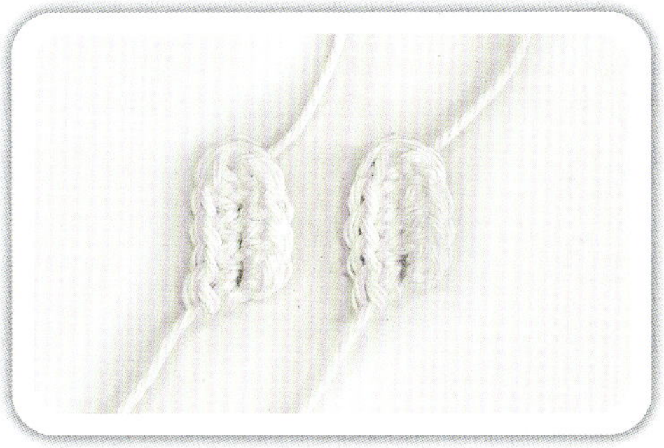

AUGENFLECK (2X HÄKELN)

In Weiß 5 Lm anschlagen und in R fM häkeln.
1. Rd: je 1 fM in die 2.–4. Lm von der Nadel aus, 3 fM in die letzte Lm, weiter an der anderen Seite der Lm-Kette in die noch freien Maschenglieder: 2 fM, 1 Masche verdoppeln = 10 Maschen
Den Faden zum späteren Aufnähen abschneiden und durchziehen, noch nicht vernähen.

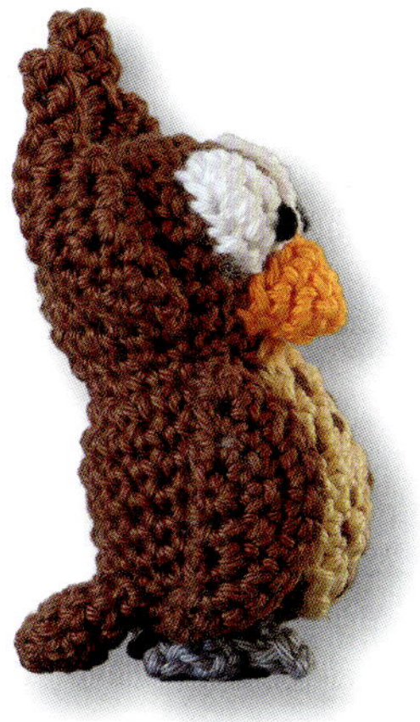

Fertigstellen

Den Bauchfleck in der vorderen Mitte auf dem Körper positionieren und rundum festnähen. In Marone kurze Spannstiche aufsticken. Die Füße beidseitig der unteren Körpermitte annähen, dabei darauf achten, dass die beiden enger zusammen liegenden Zehen nach vorne zeigen. Den Schwanz in der hinteren Mitte am unteren Körperrand befestigen. Den Schnabel mittig am unteren Kopfrand, Augenflecke beidseitig daneben aufnähen. Die Ohren mit der Rundung nach hinten zeigend an den Kopf nähen.

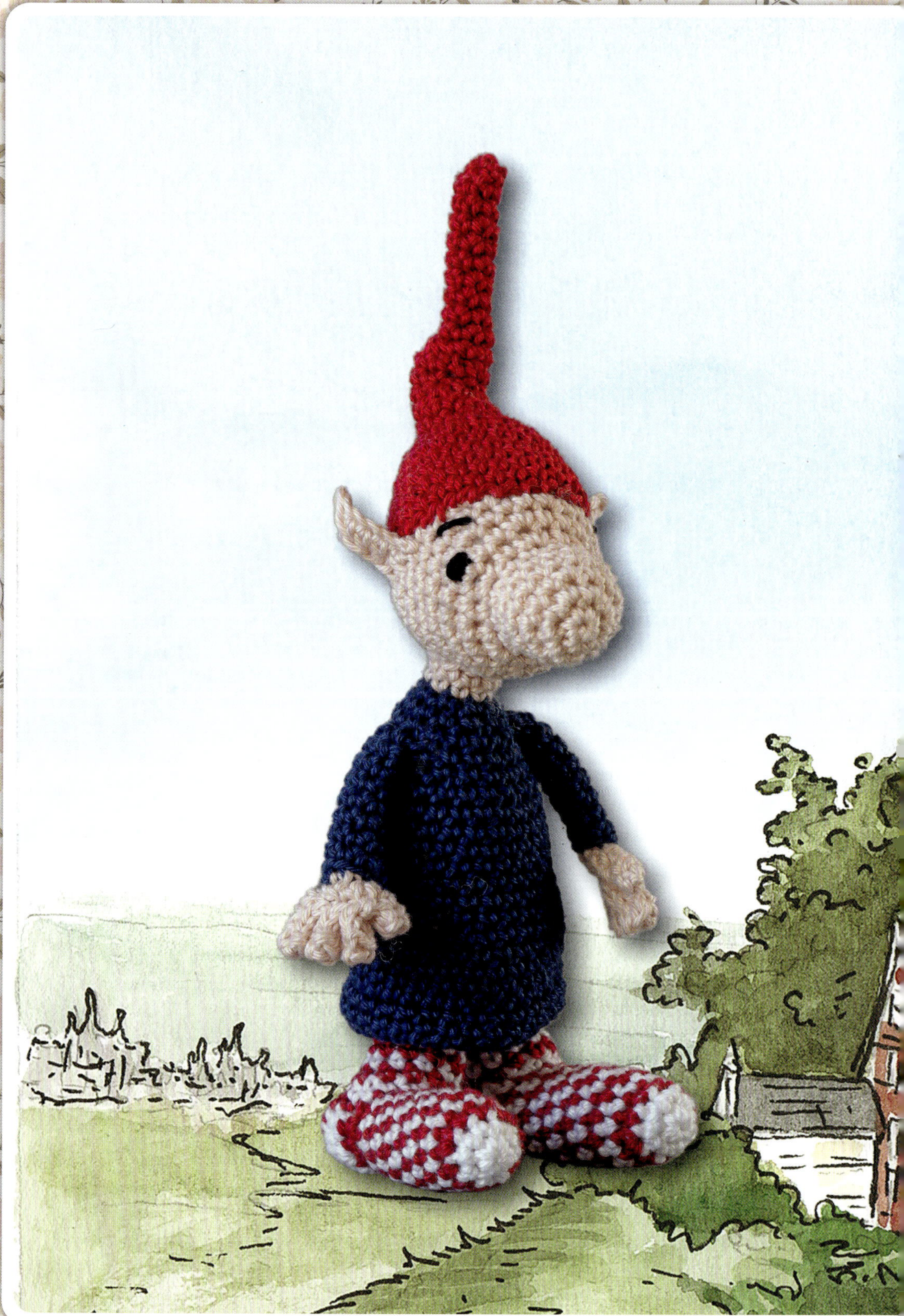

Feenmännlein

Arp, Wurp & Herp gehören zu den Feenmännlein. Ihr Königreich liegt im legendären Norden. Also noch über dem Nordland. Wo es vor Trollen nur so wimmelt. Kein Wunder, dass sie regelmäßig vor Snöfrids Tür auftauchen und ihn um Hilfe bitten.

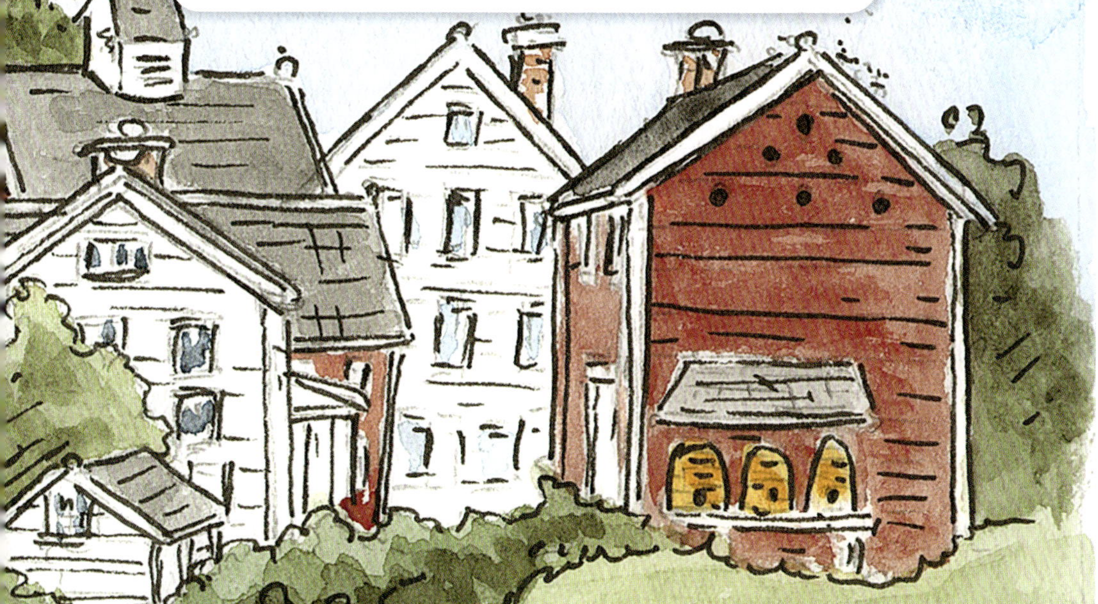

Anleitung

Größe: ca. 20 cm hoch

WIR BENÖTIGEN

- Häkelgarn: Schachenmayr Catania (100 % Baumwolle, Lauflänge ca. 125 m/50g) in den Farben Soft Apricot 00263, Jeans 00164, Weinrot 00192, Weiß 00106 und Schwarz 00110,
  alternativ: anderes Garn in Beige, Dunkelblau, Rot, Weiß und Schwarz
- Häkelnadel Nr. 2,5–3,5 mm
- Füllwatte zum Ausstopfen
- Schere, Nähnadel
- optional Maschenmarkierer und Stecknadeln

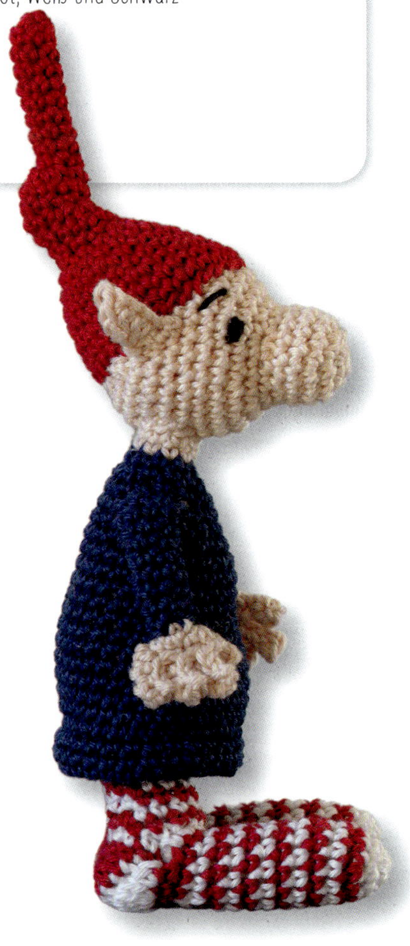

SO GEHT'S

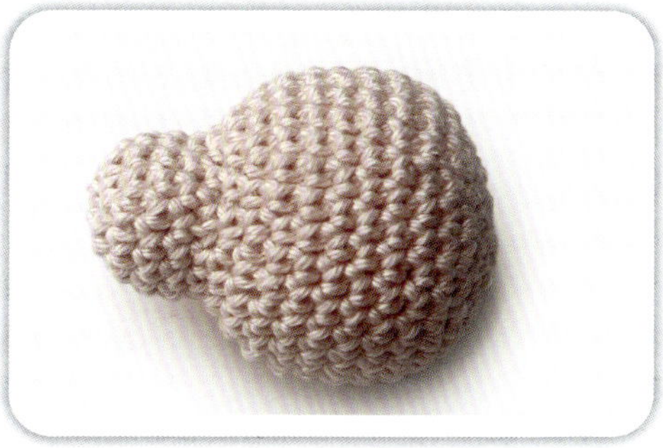

KOPF

Einen Fadenring in Soft Apricot legen und in Spiralrunden fM häkeln.

1. Rd: 6 fM in den Fadenring
2. Rd: Jede Masche verdoppeln = 12 Maschen
3. Rd: Jede 3. Masche verdoppeln = 16 Maschen
4. und 5. Rd: 16 fM (2 Rd)
6. Rd: Jede 3. und 4. Masche zusammen abmaschen = 12 Maschen
7. Rd: Jede 2. Masche verdoppeln = 18 Maschen
8. Rd: Jede 3. Masche verdoppeln = 24 Maschen
9. Rd: (1 fM, 1 Masche verdoppeln, 2 fM) x6 = 30 Maschen
10.–15. Rd: 30 fM (6 Rd)
16. Rd: Jede 4. und 5. Masche zusammen abmaschen = 24 Maschen
17. Rd: Jede 3. und 4. Masche zusammen abmaschen = 18 Maschen
Den Kopf mit Füllwatte ausstopfen.
18. Rd: Jede 2. und 3. Masche zusammen abmaschen = 12 Maschen
19. Rd: Je 2 Maschen zusammen abmaschen = 6 Maschen
Den Faden lang abschneiden und mit einer Wollnadel durch die Maschen der letzten Rd ziehen. Die Öffnung zusammenziehen, dabei eventuell noch etwas Füllwatte nachlegen. Den Faden vernähen.

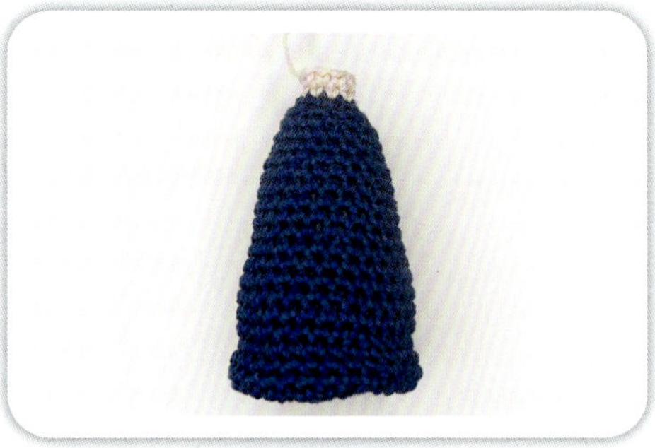

KÖRPER

Einen Fadenring in Jeans legen und in Spiralrunden fM häkeln.

1. Rd: 6 fM in den Fadenring
2. Rd: Jede Masche verdoppeln = 12 Maschen
3. Rd: Jede 2. Masche verdoppeln = 18 Maschen
4. Rd: Jede 3. Masche verdoppeln = 24 Maschen
5. Rd: (1 fM, 1 Masche verdoppeln, 2 fM) x6 = 30 Maschen
6. Rd: nur in die vorderen Maschenglieder einstechen: 30 fM
7. Rd: wieder in beide Maschenglieder einstechen: 30 fM
8.–10. Rd: 30 fM (3 Rd)
11. Rd: Jeweils in 1 Masche der Vorrunde und 1 hinteres Maschenglied der 5. Rd einstechen: 30 fM; die letzten 5 Rd bilden nun eine nach unten überstehende Falte. In Spiralrunden weiter häkeln:
12.–15. Rd: 30 fM (4 Rd)
16. Rd: Jede 9. und 10. Masche zusammen abmaschen = 27 Maschen
17. Rd: 27 fM
18. Rd: (3 fM, 2 Maschen zusammen abmaschen, 4 fM) x3 = 24 Maschen
19.–22. Rd: 24 fM (4 Rd)
23. Rd: Jede 7. und 8. Masche zusammen abmaschen = 21 Maschen
24. Rd: (2 fM, 2 Maschen zusammen abmaschen, 3 fM) x3 = 18 Maschen
25. Rd: 18 fM
Den Körper mit Füllwatte ausstopfen.
26. Rd: Jede 5. und 6. Masche zusammen abmaschen = 15 Maschen
27. Rd: (1 fM, 2 Maschen zusammen abmaschen, 2 fM) x3 = 12 Maschen
28. Rd: Jede 3. und 4. Masche zusammen abmaschen = 9 Maschen
Den Faden abschneiden. Farbwechsel zu Soft Apricot,
29. und 30. Rd: 9 fM (2 Rd)
Den Faden lang abschneiden und durchziehen, noch nicht vernähen. Den Körper vollständig mit Füllwatte ausstopfen.

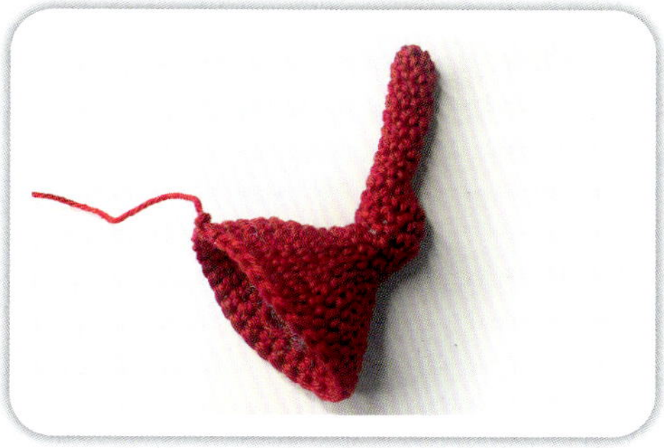

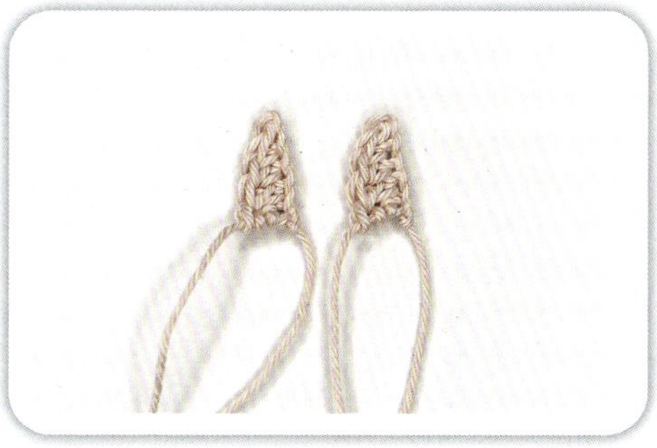

MÜTZE

Einen Fadenring in Weinrot legen und in Spiralrunden fM häkeln.

1. Rd: 6 fM in den Fadenring

2.–11. Rd: 6 fM (10 Rd)

12. Rd: (3 fM in 1 Masche) x2, 4 fM = 10 Maschen

13. Rd: 6 fM, (2 Maschen zusammen abmaschen) x2 = 8 Maschen

14. Rd: 8 fM

15. Rd: 6 fM, (3 fM in 1 Masche) x2 = 12 Maschen

16. Rd: 3 fM in 1 Masche, 1 fM, 3 Maschen zusammen abmaschen, 7 fM = 12 Maschen

17. Rd: 3 fM, 3 Maschen zusammen abmaschen, 4 fM, 3 fM in 1 Masche, 1 fM = 12 Maschen

18. Rd: Jede 3. Masche verdoppeln = 16 Maschen

19. Rd: Jede 4. Masche verdoppeln = 20 Maschen

20. Rd: (1 fM, 1 Masche verdoppeln, 3 fM) x4 = 24 Maschen

21. Rd: 24 fM

22. Rd: Jede 4. Masche verdoppeln = 30 Maschen

23. und 24. Rd: 30 fM (2 Rd)

Den Faden zum späteren Annähen lang abschneiden und durchziehen, noch nicht vernähen.

OHREN (2X HÄKELN)

In Soft Apricot 6 Lm anschlagen und wie folgt häkeln.

1. R: 1 Kettmasche in die 2. Lm von der Nadel aus, 1 fM, 1 hStb, 1 Stb, 1 hStb

Den Faden zum späteren Annähen lang abschneiden und durchziehen, noch nicht vernähen.

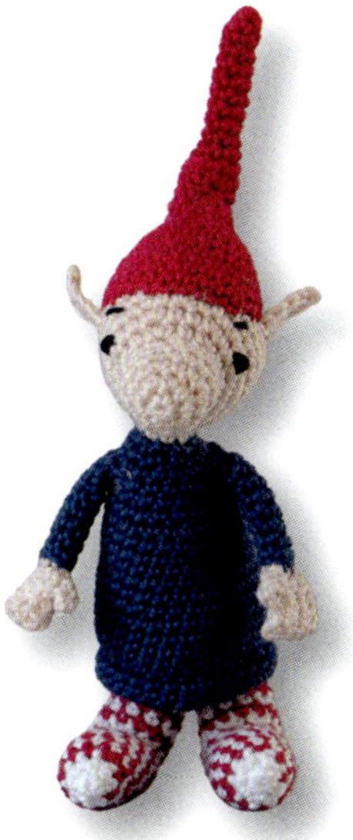

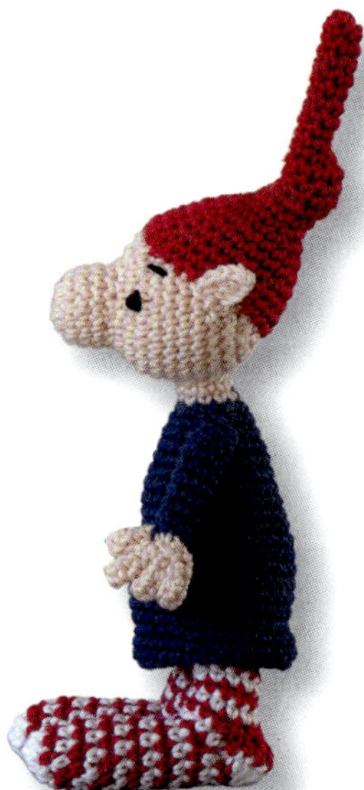

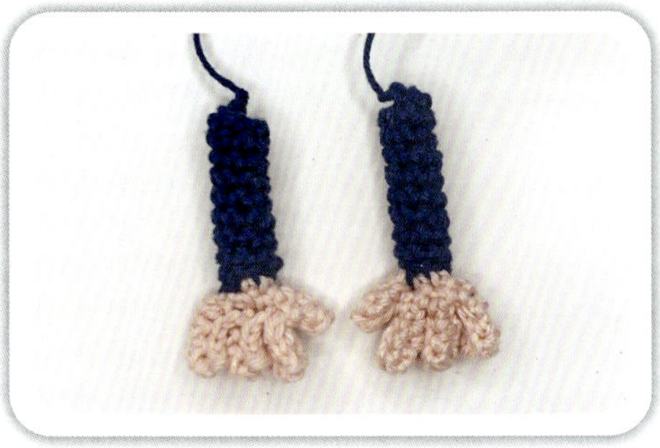

ARME (2X HÄKELN)

Mit einem langen Anfangsfaden in Jeans 6 Lm anschlagen und in Spiralrunden fM häkeln.

1. Rd: Die Lm-Kette zu einem Kreis legen. Je 1 fM in die 1.–6. Lm, es entsteht eine Rd = 6 Maschen

2.–9. Rd: 6 fM (6 Rd)

Den Faden abschneiden. Farbwechsel zu Soft Apricot.

10. Rd: 2 fM, 3 Lm, 1 fM in die 2. Lm von der Nadel aus, 1 fM, 4 fM am Arm

11. Rd: 2 fM, 2 fM entlang der Lm, 1 Wendeluftmasche, die beiden Seiten des Arms flach aufeinanderlegen und jeweils durch zwei gegenüberliegende Maschen einstechen: 2 Kettmaschen. Es entsteht der Daumen. Weiter die restlichen Finger häkeln, dabei wie gewohnt in nur 1 Masche einstechen:
(4 Lm, 1 fM in die 2. Lm von der Nadel aus, 2 fM, 1 Kettmasche in die nächste Masche am Arm) x3,
1 Wendeluftmasche,
(3 fM in die letzten 3 Maschen des nächsten Fingers, 1 Wendeluftmasche, den Finger flach aufeinanderlegen und durch jeweils zwei gegenüberliegende Maschen einstechen: 3 Kettmaschen, 1 Kettmasche in die nächste Masche am Arm) x3

Den Faden abschneiden und durchziehen. Alle Fäden bis auf den jeansfarbenen Anfangsfaden vernähen. Optional den Arm leicht ausstopfen.

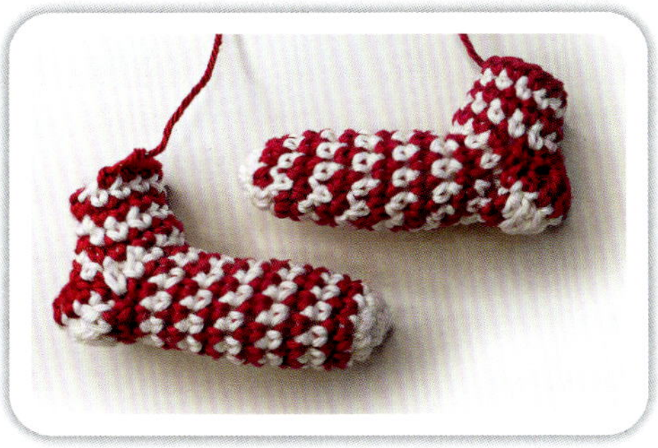

FÜSSE (2X HÄKELN)

Einen Fadenring in Weiß legen und in Spiralrunden fM häkeln.

1. Rd: 6 fM in den Fadenring

2. Rd: Jede 2. Masche verdoppeln = 9 Maschen, Farbwechsel zu Weinrot

3. Rd: Jede 3. Masche verdoppeln = 12 Maschen, Farbwechsel zu Weiß

4.–13. Rd: (12 fM, Farbwechsel zu Weinrot, 12 fM, Farbwechsel zu Weiß) x5 (10 Rd)

14. Rd: 4 fM, Farbwechsel zu Weinrot, 4 Lm, die nächsten 6 Maschen überspringen, 2 fM

15. Rd: 4 fM, Farbwechsel zu Weiß, 4 Lm, die 4 Lm der Vor-Rd überspringen, 1 fM, 1 hStb

16. Rd: (3 Stb in 1 Masche) x2, 1 hStb, 1 fM, Farbwechsel zu Weinrot, 4 Lm, die 4 Lm der Vor-Rd überspringen, 1 fM, 1 hStb

17. Rd: (3 Stb zusammen abmaschen) x2, 1 hStb, 1 fM, Farbwechsel zu Weiß, in die 6 übersprungenen Maschen der 13. Rd: 2 fM, 2 Maschen verdoppeln, 2 fM, weiter in die letzten 2 Maschen der Vor-Rd: 2 fM = 14 Maschen, Farbwechsel zu Weinrot. Die Lm-Ketten der 14.–16. Rd verbleiben unbehäkelt auf der Innenseite der Arbeit.

18. Rd: 2 hStb, 1 fM, 2 Maschen zusammen abmaschen, 6 fM, 2 Maschen zusammen abmaschen, 1 fM = 12 Maschen, Farbwechsel zu Weiß

19. Rd: 12 fM, Farbwechsel zu Weinrot

20. Rd: 12 fM, Farbwechsel zu Weiß

21. Rd: 12 fM

Den weißen Faden abschneiden. Farbwechsel zu Weinrot

22. Rd: 12 fM

Den Faden lang abschneiden und durchziehen, noch nicht vernähen. Den Fuß mit Füllwatte ausstopfen.

Fertigstellen

Den Körper mit dem Endfaden unten am Kopf annähen. Arme zwischen der 26. und 27. Rd beidseitig an den Körper nähen, dabei darauf achten, dass die Daumen nach vorne zeigen. Füße beidseitig der unteren Körpermitte annähen. Die Mütze auf dem Kopf positionieren und rundum festnähen. Die Ohren jeweils mit der Schmalseite knapp unterhalb vom Mützenrand festnähen. In Schwarz die Augen und die Augenbrauen aufsticken, dabei für die Augen je 3 kleine Plattstiche für die Augenbrauen je 1 Spannstich ausführen.

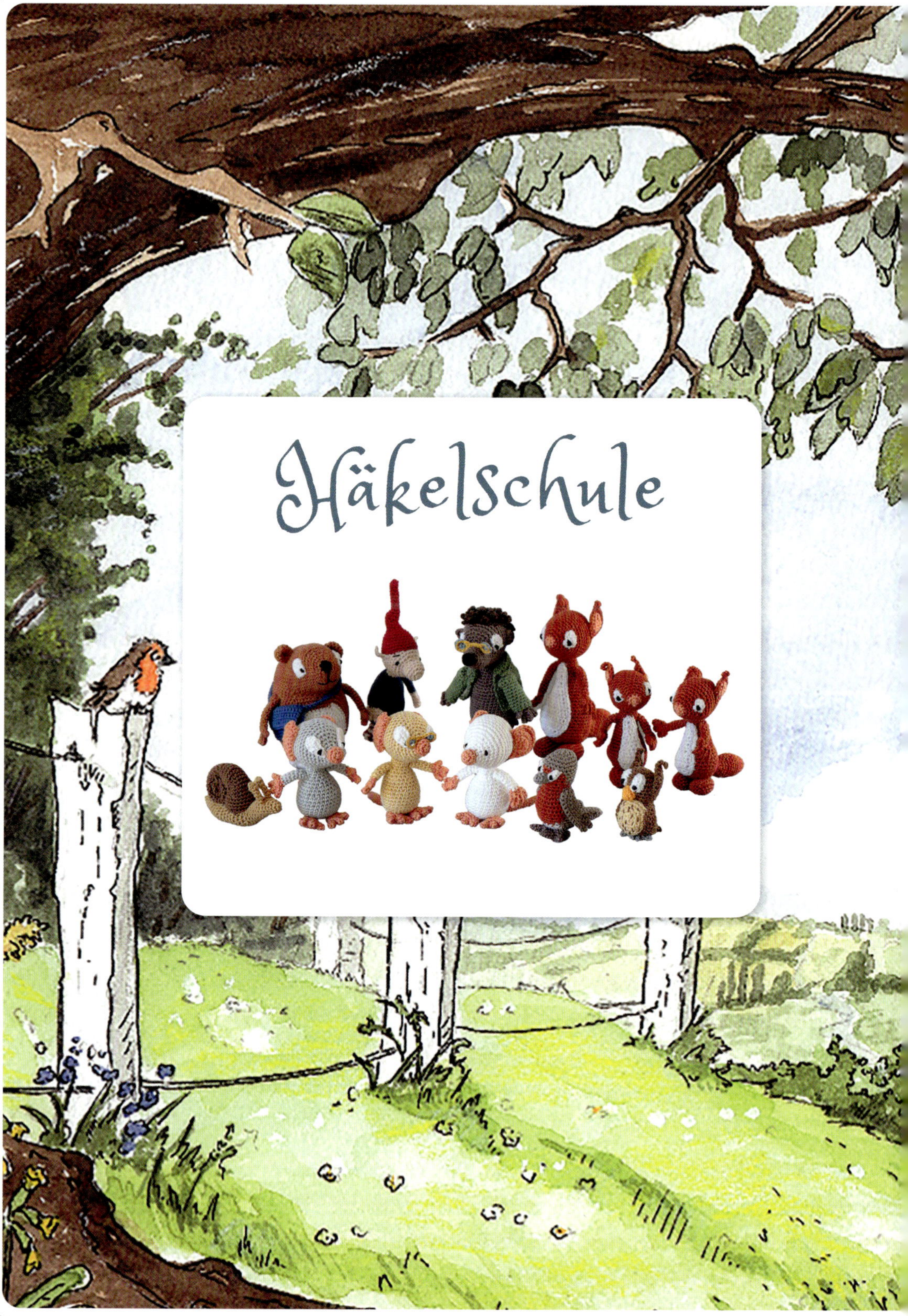

Häkelschule

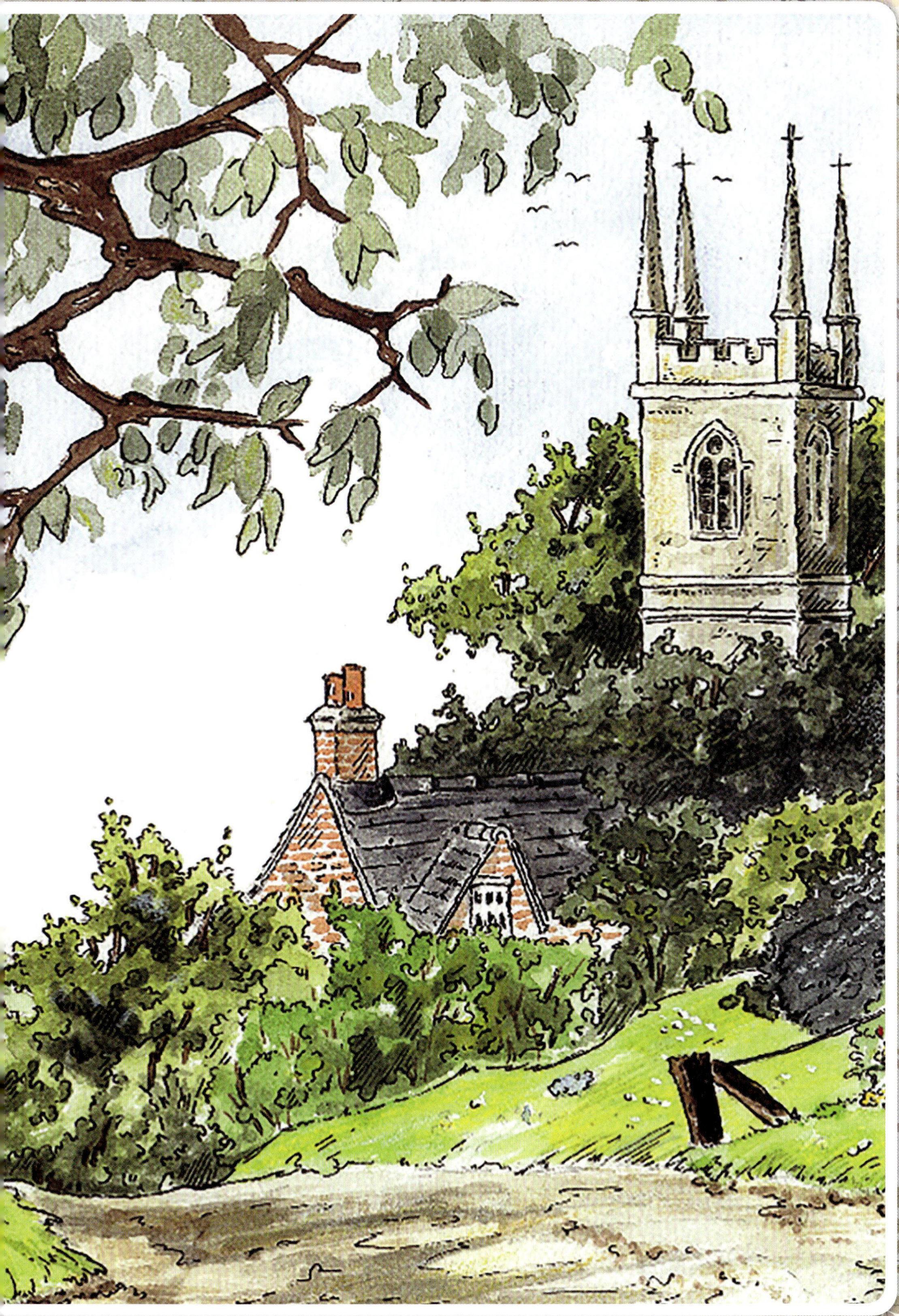

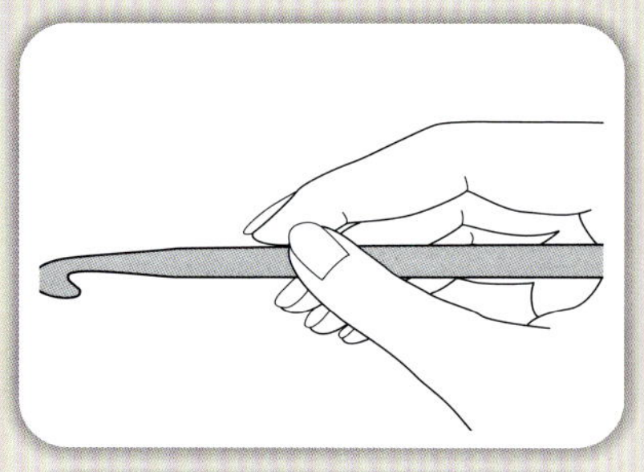

NADELHALTUNG

Bei der Nadelhaltung gibt es zwei Möglichkeiten, du musst einfach ausprobieren, welche für dich am angenehmsten ist. Du kannst die Nadel wie einen Bleistift halten oder wie eine Stricknadel.

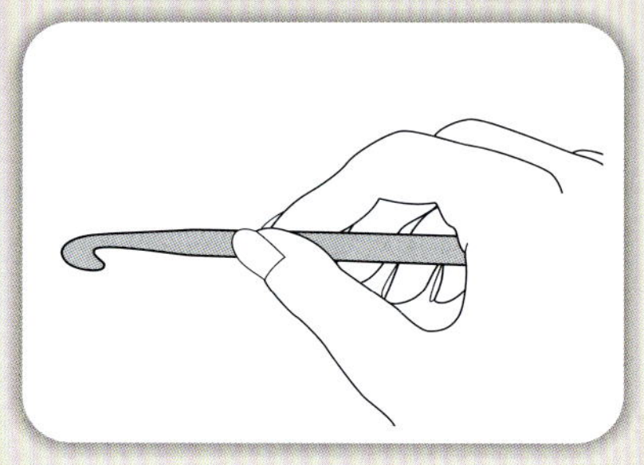

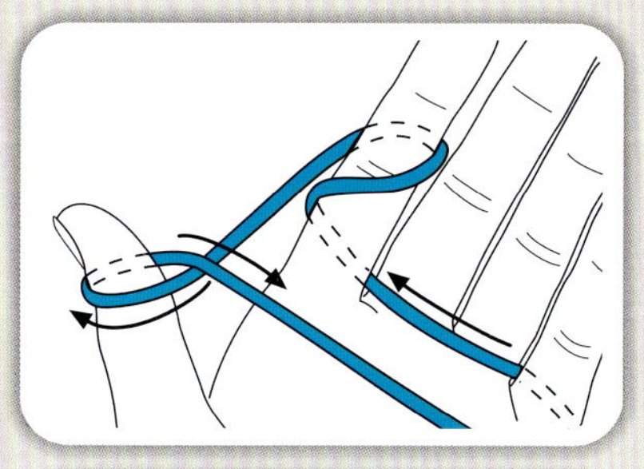

MASCHENANSCHLAG

Leg den Faden wie auf der Zeichnung gezeigt um die linke Hand.

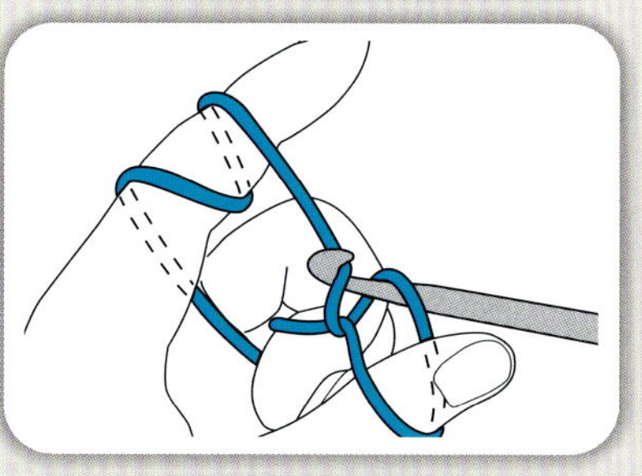

Schiebe die Häkelnadel von unten in die Daumenschlinge. Fasse dann den Faden, der vom Zeigefinger kommt, mit der Häkelnadel und zieh ihn durch die Daumenschlinge.

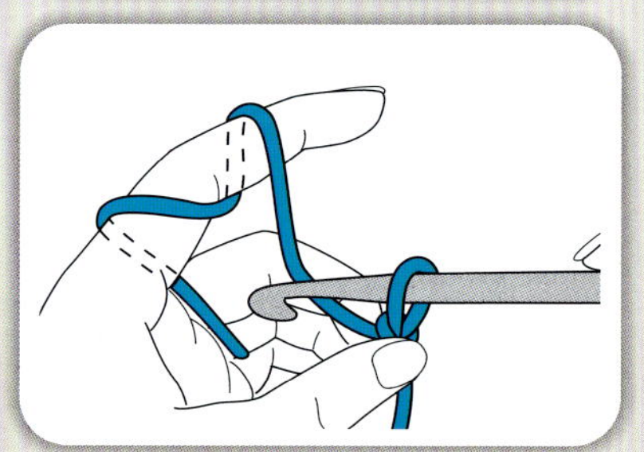

Nimm dann den Daumen aus der Schlinge. Nun ist der Anschlagsknoten fertig und die erste Schlinge liegt auf der Nadel. Zieh sie etwas fest, sodass sie locker auf der Nadel liegt, aber nicht herunterrutscht.

LUFTMASCHE

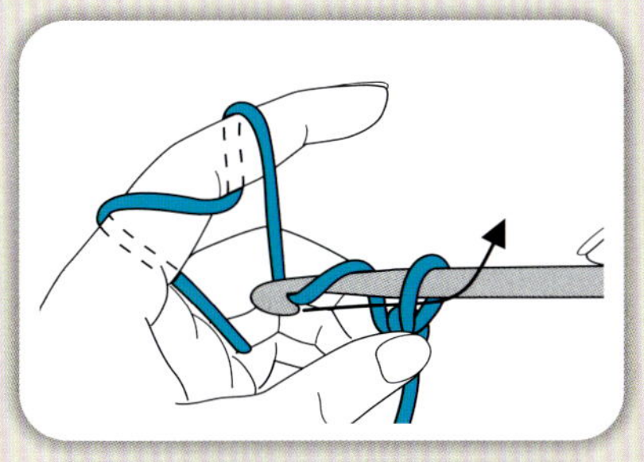

Halte den Anschlagsknoten mit Daumen und Mittelfinger und lege den Faden, der vom Zeigefinger kommt, von hinten nach vorn über die Nadel. Zieh diesen Umschlag durch die Anfangsschlinge.

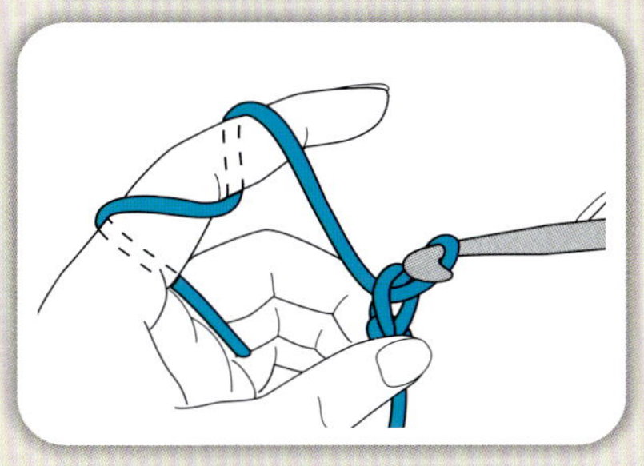

Aus dieser ersten gehäkelten Luftmasche kannst du anschließend auf dieselbe Weise eine weitere Luftmasche häkeln.

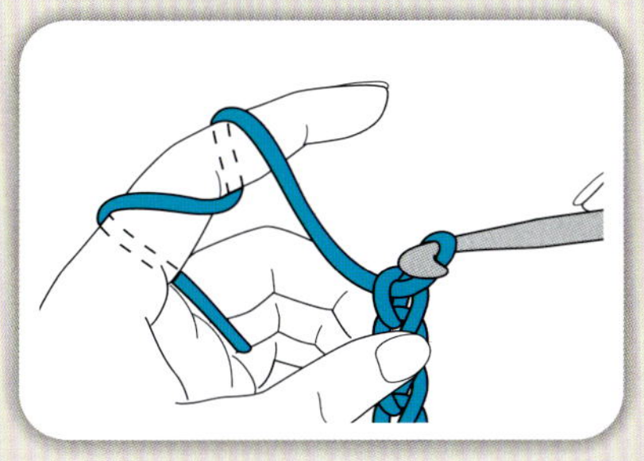

Diese Schritte musst du dann so oft wiederholen, bis die gewünschte Luftmaschenanzahl erreicht ist. Halte dabei jeweils die letzte Luftmasche mit Daumen und Mittelfinger.

FADENRING

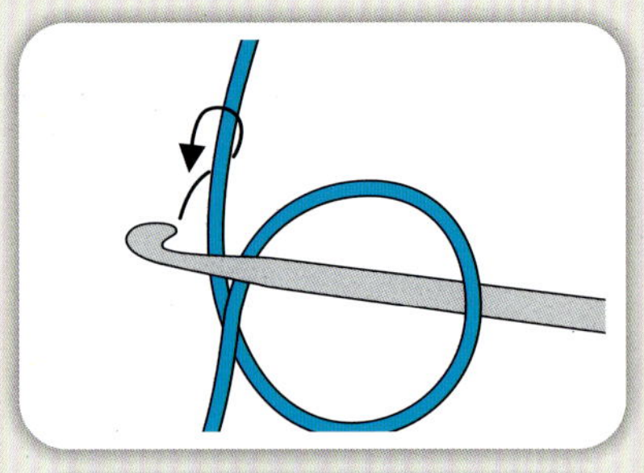

Leg dir den Faden zu einer Schlinge, stich mit der Häkelnadel ein, leg den Faden um die Nadel und zieh diesen Umschlag durch, aber zieh ihn nicht zur Masche fest, sondern lass ihn ganz locker.

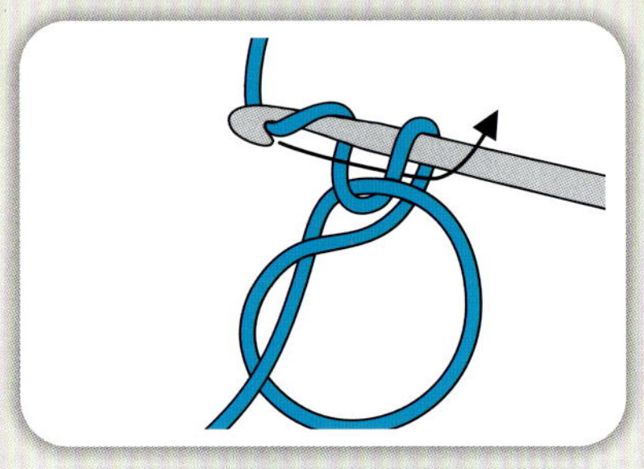

Wickle nun den Arbeitsfaden wie üblich über den linken Zeigefinger und halte den Kreuzungspunkt der Fadenschlinge mit Mittelfinger und Daumen fest, bilde mit der Häkelnadel einen Umschlag und zieh ihn durch die Schlinge auf der Nadel.

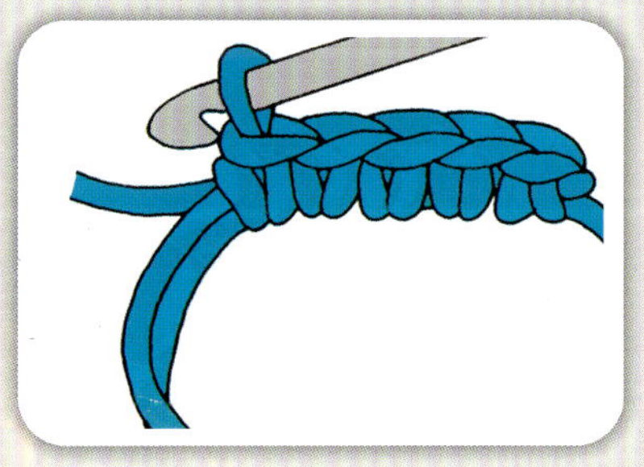

Schlage dann so viele Maschen an, wie in der jeweiligen Anleitung beschrieben ist. Häkle dann die 1. Runde und zieh erst danach die Fadenschlinge zu, indem du am Anfangsfaden ziehst.

FESTE MASCHE

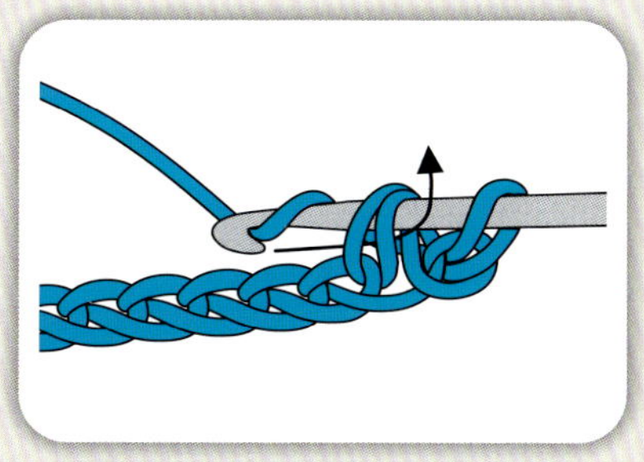

Stich mit der Nadel in die Masche der vorherigen Reihe ein und leg den Faden von hinten nach vorn um die Nadel. Zieh dann diesen Umschlag durch die Masche.

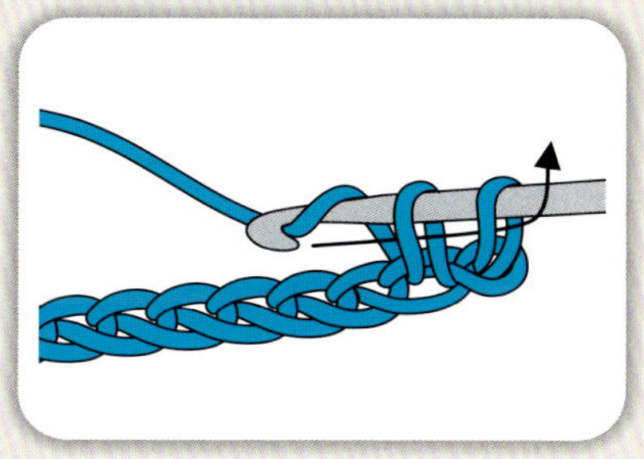

Nun liegen zwei Schlingen auf der Nadel. Lege den Faden erneut um die Nadel und zieh ihn durch beide Schlingen.

KETTMASCHE

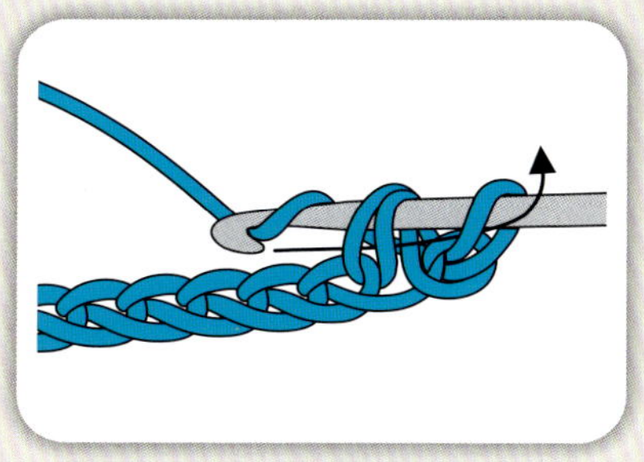

Du stichst in die Masche ein, legst den Faden um die Nadel und ziehst den Umschlag durch die Masche.

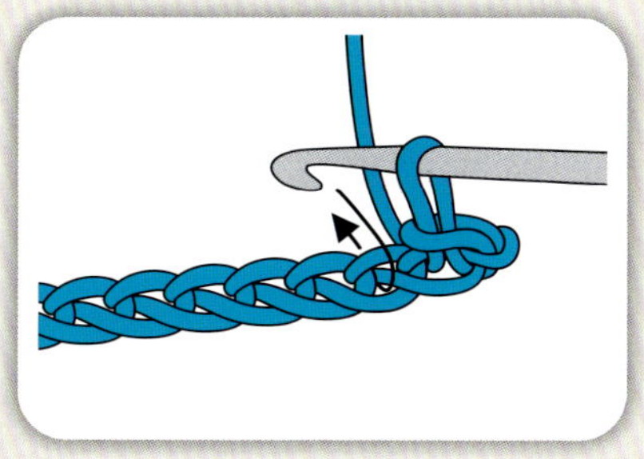

Dann ziehst du ihn gleich weiter durch die Schlinge auf der Häkelnadel.

HALBES STÄBCHEN

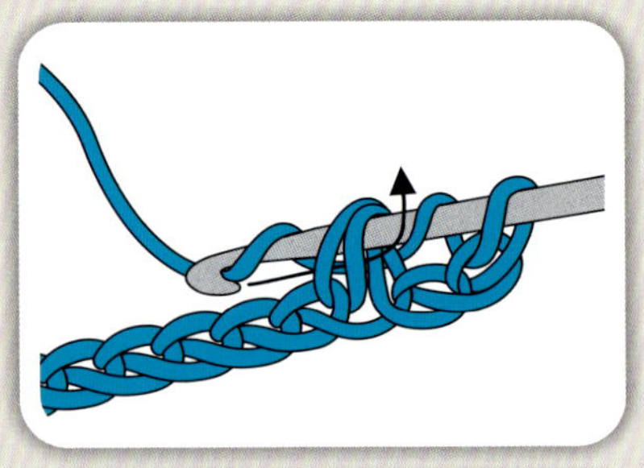

Lege einen Umschlag um die Nadel, stich von vorne in eine Masche ein, lege noch einen Umschlag auf die Nadel und hole den Faden durch die Masche.

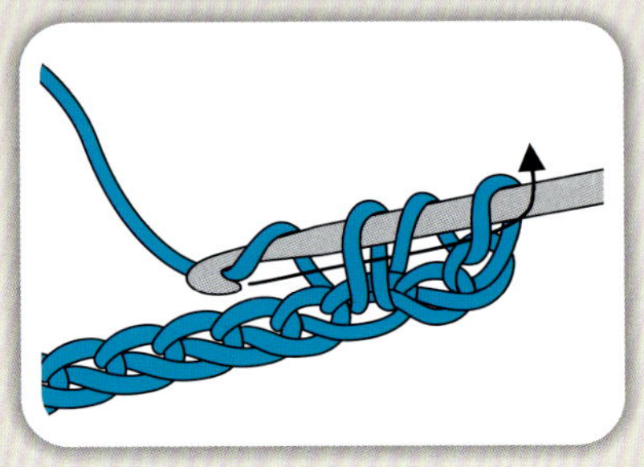

Jetzt liegen drei Schlingen auf der Nadel.
Lege nun nochmals einen Umschlag um die Nadel und zieh dann den Faden durch alle drei Schlingen.

GANZES STÄBCHEN

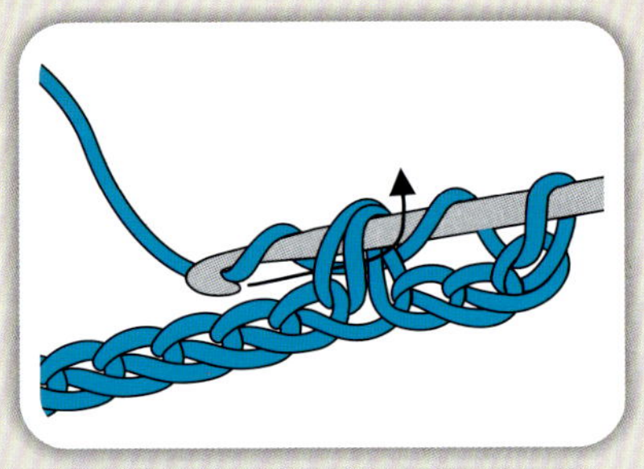

Lege einen Umschlag um die Nadel und stich in die Masche ein. Lege den Faden nochmals um die Nadel und ziehe ihn durch die Masche der Vorreihe. Es liegen nun drei Schlingen auf der Nadel.

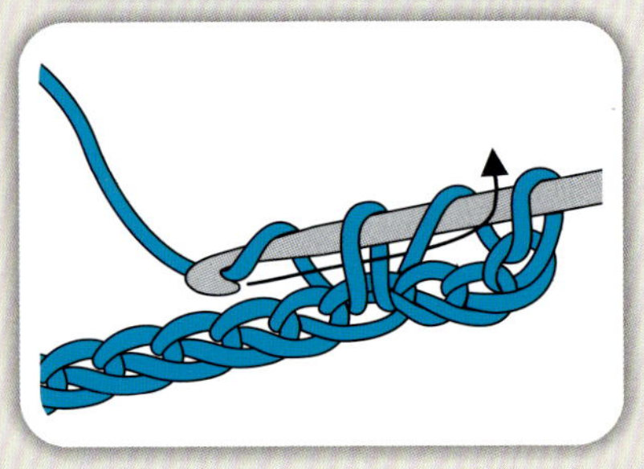

Lege den Faden wieder um die Nadel und ziehe ihn durch zwei der drei Schlingen. Lege den Faden wieder um die Nadel und ziehe ihn durch die letzten beiden Schlingen.

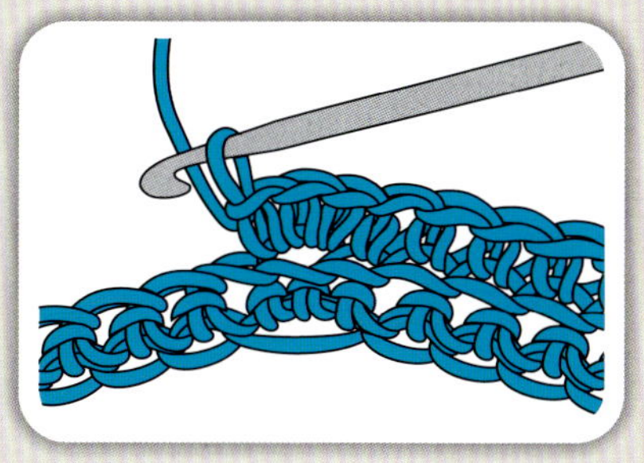

MASCHEN ZUNEHMEN

Müssen Maschen zugenommen werden, für die angegebene Maschenzahl (in der nebenstehenden Zeichnung sind es 3 Maschen) die gleiche Einstichstelle verwenden.

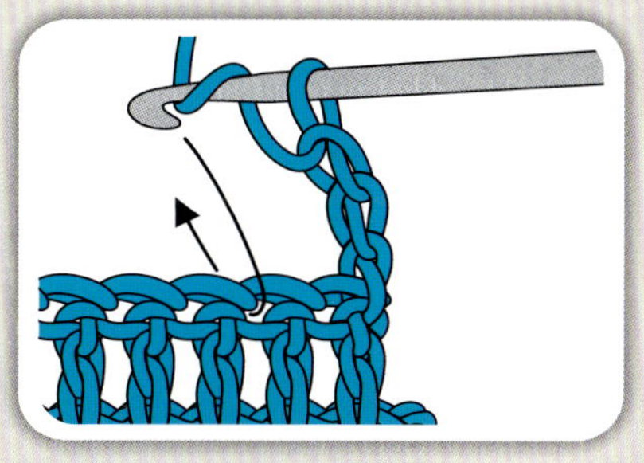

HIN- UND RÜCKREIHEN

Häkelst du in Hin- und Rückreihen, musst du jede Reihe mit einer Wendeluftmasche beginnen, damit das Häkelteil seine Form behält. Für feste Maschen häkelst du eine, für halbe Stäbchen zwei und für Stäbchen drei Wendeluftmaschen. Auf dem Bild sind Stäbchen gezeigt.

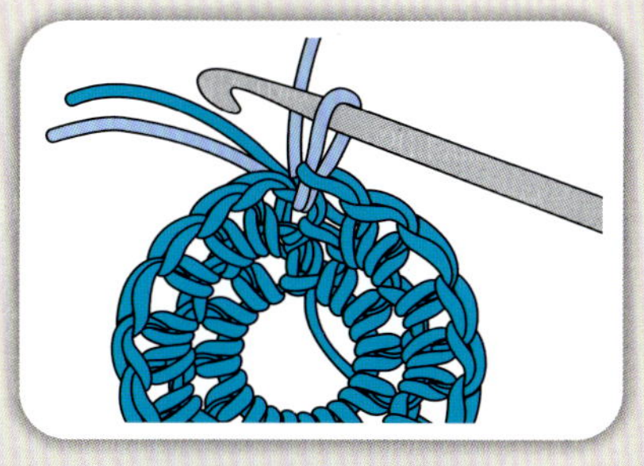

FARBWECHSEL

Masche bereits die letzte Masche der Vorrunde (hier die Kettmasche zum Rundenabschluss) in der neuen Farbe ab, damit der Farbübergang möglichst exakt wird.

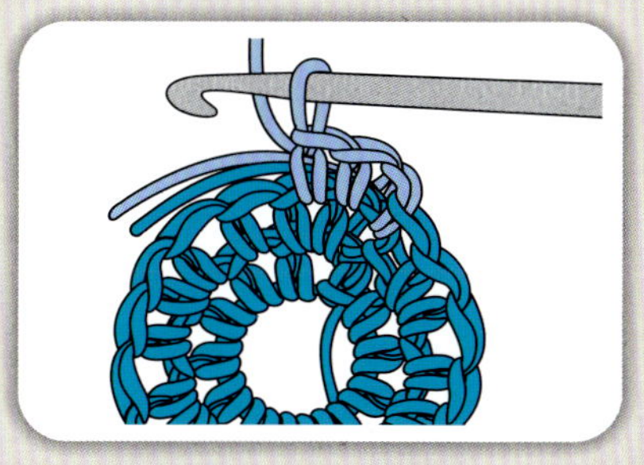

FADENENDEN VERWAHREN

Schneide dafür beide Fäden auf ca. 5 cm zurück und lege sie auf die Maschenglieder der Vorreihe. Arbeite die folgenden 4–5 Maschen über die Fadenenden. Häkle dabei wie gewohnt feste Maschen, dabei kannst du die Fadenenden in deren Mitte verstecken und fixieren.

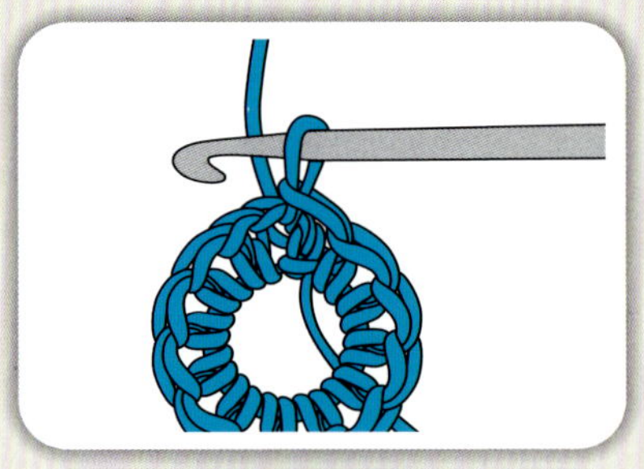

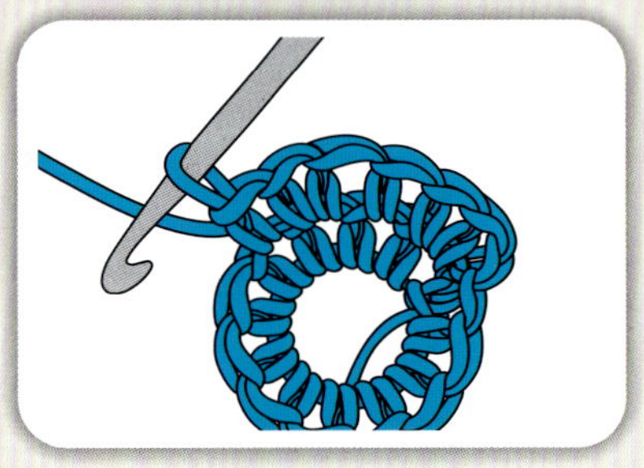

KREISRUNDEN HÄKELN

Um auf die benötigte Höhe zu kommen, beginnt jede Runde mit einer oder mehreren Steigeluftmasche(n). Das sind für feste Maschen eine, für halbe Stäbchen zwei, für Doppelstäbchen drei usw. Die Runde endet mit einer Kettmasche in die erste Luftmasche der Vorrunde.

Für eine flache Kreisform muss der Kreis mit jeder Runde größer werden. Die Anzahl der Zunahmen steht in der jeweiligen Häkelanleitung.

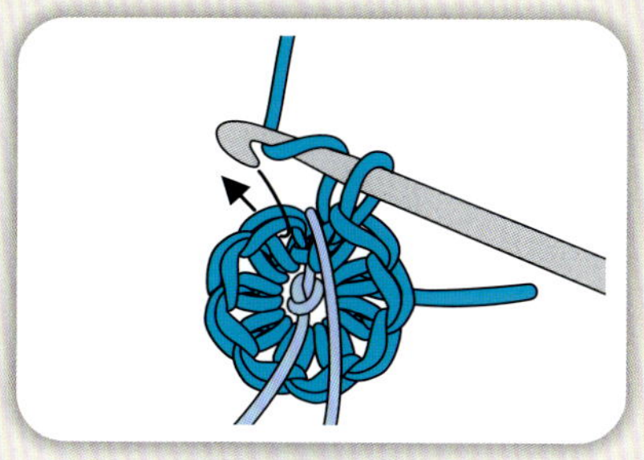

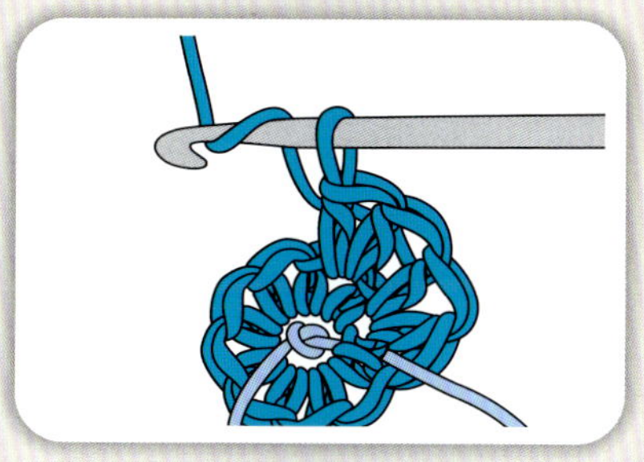

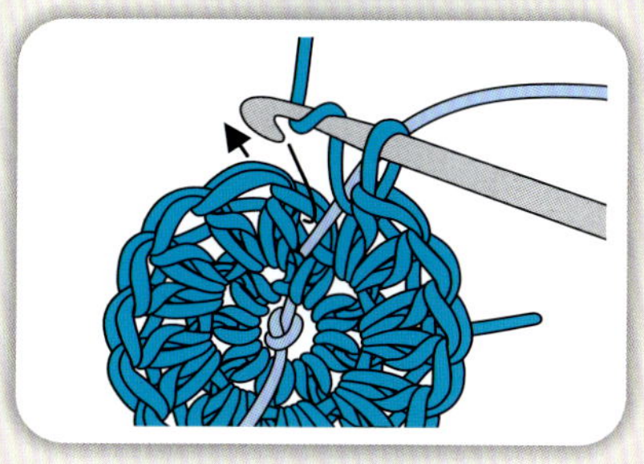

SPIRALRUNDEN HÄKELN

Arbeite zunächst die angegebene Anzahl von Maschen (im Bild sind es feste Maschen) in die Fadenschlinge. Schließe dabei die Runde nicht mit einer Kettmasche, sondern stich direkt in die 1. feste Masche der 1. Runde ein. Markiere den Rundenübergang mit einem Faden, damit man erkennt, wann eine neue Runde beginnt.

Lege am Rundenübergang den Markierungsfaden im Wechsel nach vorne bzw. nach hinten und arbeite entsprechend der Anleitung weiter. Ziehe nach Beenden der Arbeit den Markierungsfaden heraus.

Für eine flache Kreisform muss der Kreis mit jeder Runde größer werden. Arbeite in der 2. Runde je zwei Maschen (hier sind es halbe Stäbchen) in jede Masche der Vorrunde. In den folgenden Runden musst du, wie in der Anleitung beschrieben, weitere Maschen zunehmen.

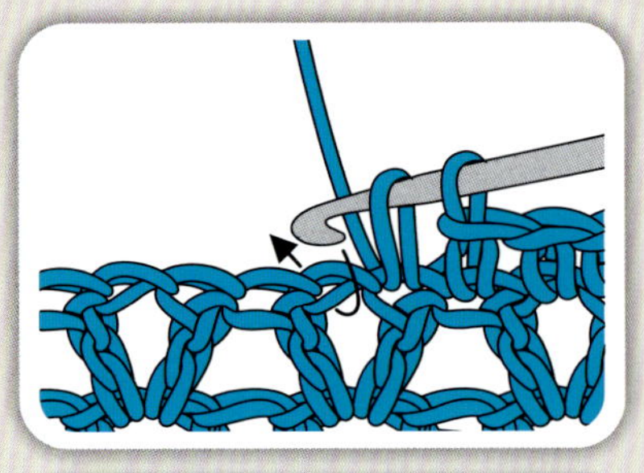

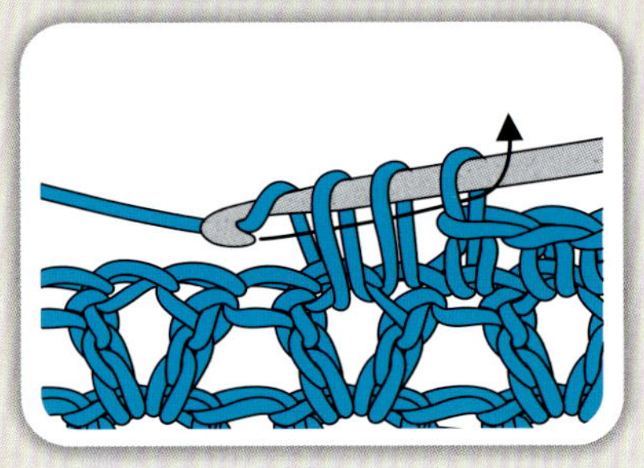

MASCHEN ABNEHMEN

Man kann ganz einfach eine Masche überspringen, aber dadurch können kleine Löcher entstehen. Schöner wird es, wenn du in die erste Masche einstichst, das Garn um die Nadel legst und durch die Masche ziehst (jetzt liegen zwei Schlaufen auf der Nadel).

Stich dann in die nächste Masche ein, lege das Garn um die Nadel und ziehe es durch die Masche (jetzt liegen drei Schlaufen auf der Nadel). Dann das Garn wieder um die Nadel legen und durch alle Schlaufen auf der Nadel ziehen.

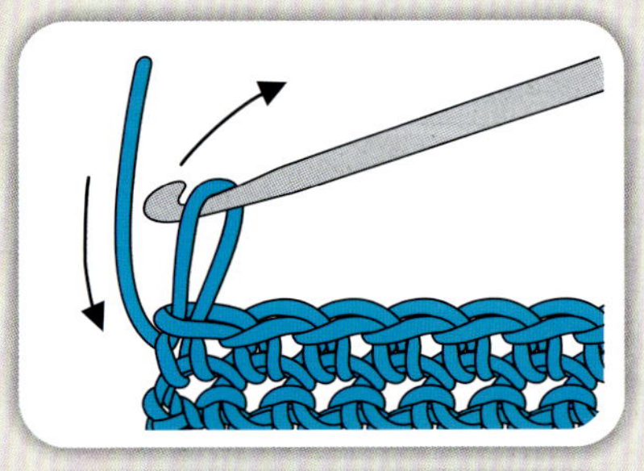

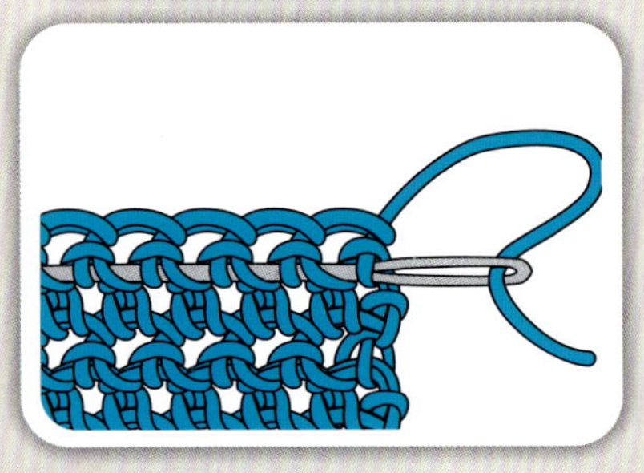

HÄKELARBEIT BEENDEN, FADEN VERNÄHEN

Dafür ziehst du den Faden durch die letzte Masche, schneidest ihn etwa 5 cm lang ab und vernähst ihn dann.

Fädle das Fadenende in eine stumpfe Nadel (am besten mit einem breiten Nadelöhr) ein und ziehe ihn so unter die Maschen, dass man ihn möglichst nicht sieht.

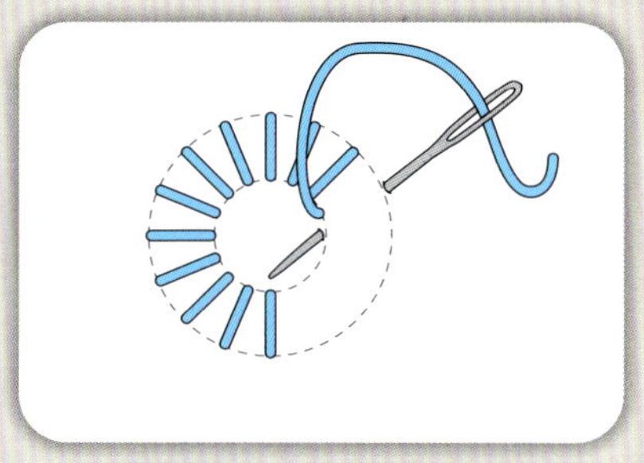

SPANNSTICH UND PLATTSTICH

An der gewünschten Stelle aus- und nach gewünschter Länge wieder einstechen. Auf diese Weise alle Stiche laut Zeichnung arbeiten.

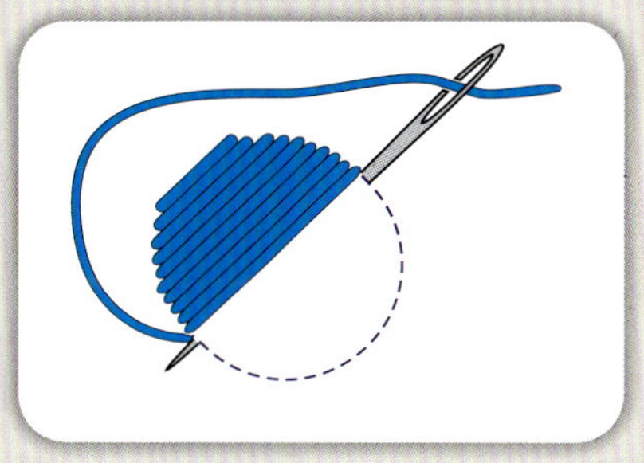

Zum Füllen einer Fläche Stiche dicht an dicht setzen. Dabei etwas außerhalb der Kontur ausstechen und auf der gegenüberliegenden Seite dicht hinter der Kontur wieder einstechen

Nachwort und Danksagung

Obwohl mich die meisten Leute wegen meiner Leidenschaft für das Häkeln wohl als kreativen Menschen beschreiben würden, muss ich ehrlich sagen, dass ich doch abhängig bin von den Ideen meiner Mitmenschen.

Seien es Freunde, die sich eine gehäkelte Videospiel-Figur wünschen, von der ich noch nie gehört habe oder eine total abgedrehte Idee von meiner Familie, um mich irgendwie zu beschäftigen. Es sind Vorschläge, die oft eine gewisse Herausforderung darstellen und auf die ich alleine nicht kommen würde. Tatsächlich liebe ich aber solche Herausforderungen, teilweise entdecke ich dadurch neue Häkeltechniken und hin und wieder stehe ich vor einem Problem, bei dem dann wirkliche Kreativität gefragt ist. Doch so lerne und entwickle ich mich beim Häkeln auch stets weiter, wofür ich sehr dankbar bin.

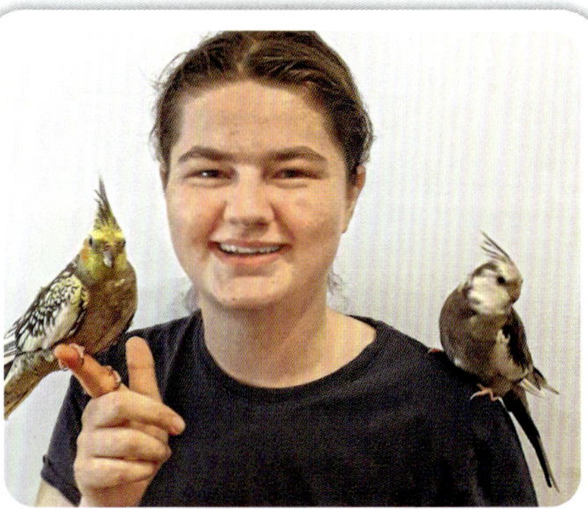

Ich muss zugeben, dass ich vor der Idee für dieses Buchprojekt noch nie von Tilda Apfelkern, ihren Freunden, geschweige denn der ganzen Welt von Andreas H. Schmachtl gehört hatte. Umso mehr freue ich mich nun, dass ich einen Teil dieser tollen Welt als Häkelfiguren nachstellen durfte und möchte mich dafür herzlich bei Herrn Schmachtl bedanken!

Zudem geht mein Dank an meine Freunde und meine Familie, die mich – wie schon bei meinen vorangegangenen Häkelbüchern – immer unterstützt haben, auch wenn dafür mal etwas Lernen für die Uni weggefallen ist.

Ebenfalls danke ich den Mitarbeiterinnen des Christophorus Verlags für das Vertrauen in mich und meine Häkelfähigkeiten und für die tolle Zusammenarbeit. Zuletzt möchte ich auch diesmal meine beiden Nymphensittiche Merry und Pippin nicht vergessen, die Tag und Nacht auf meiner Schulter sitzen und mir beim Häkeln zuschauen.

Besuch mich gern auf Instagram:
www.instagram.com/ocean.crochet/

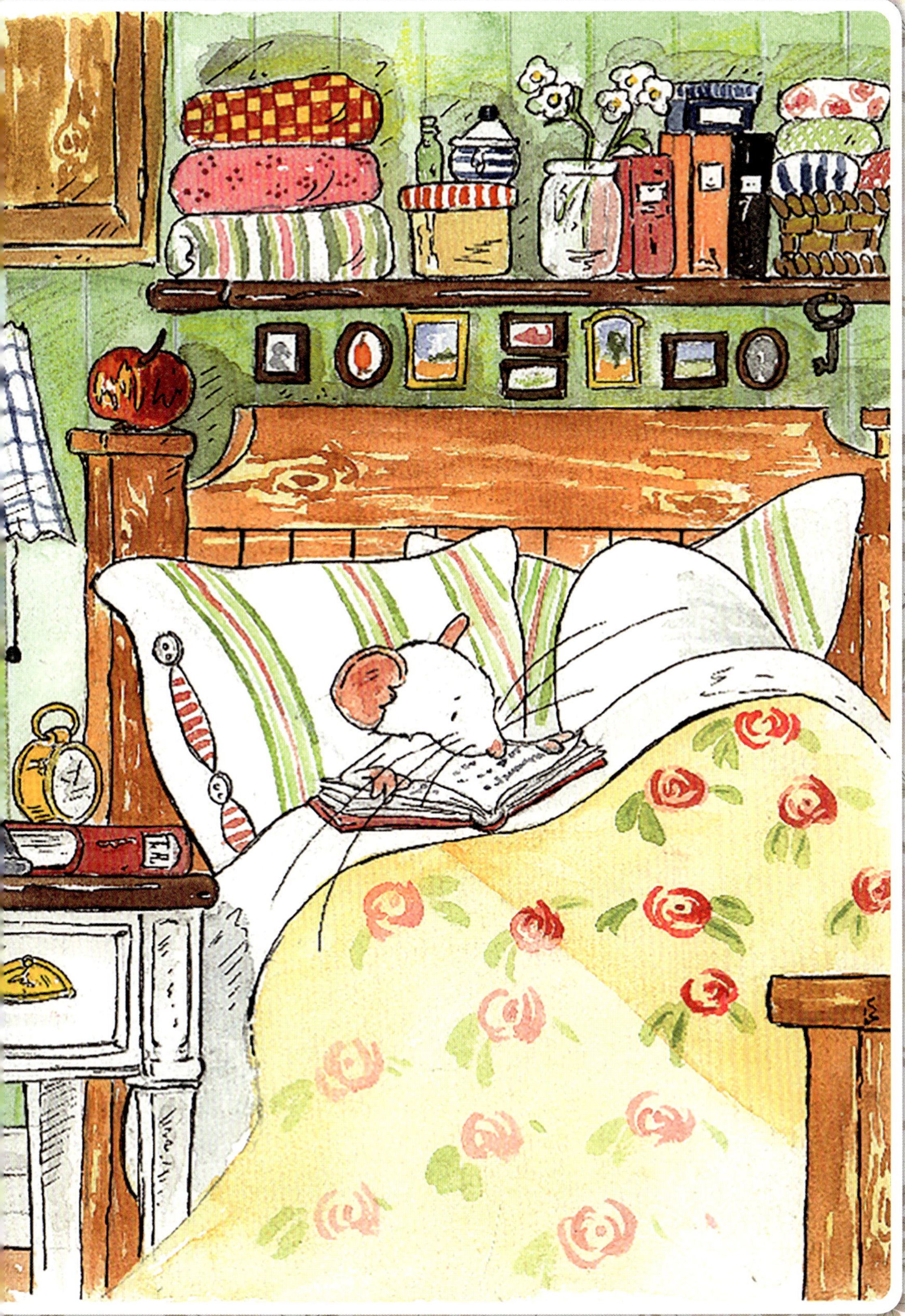

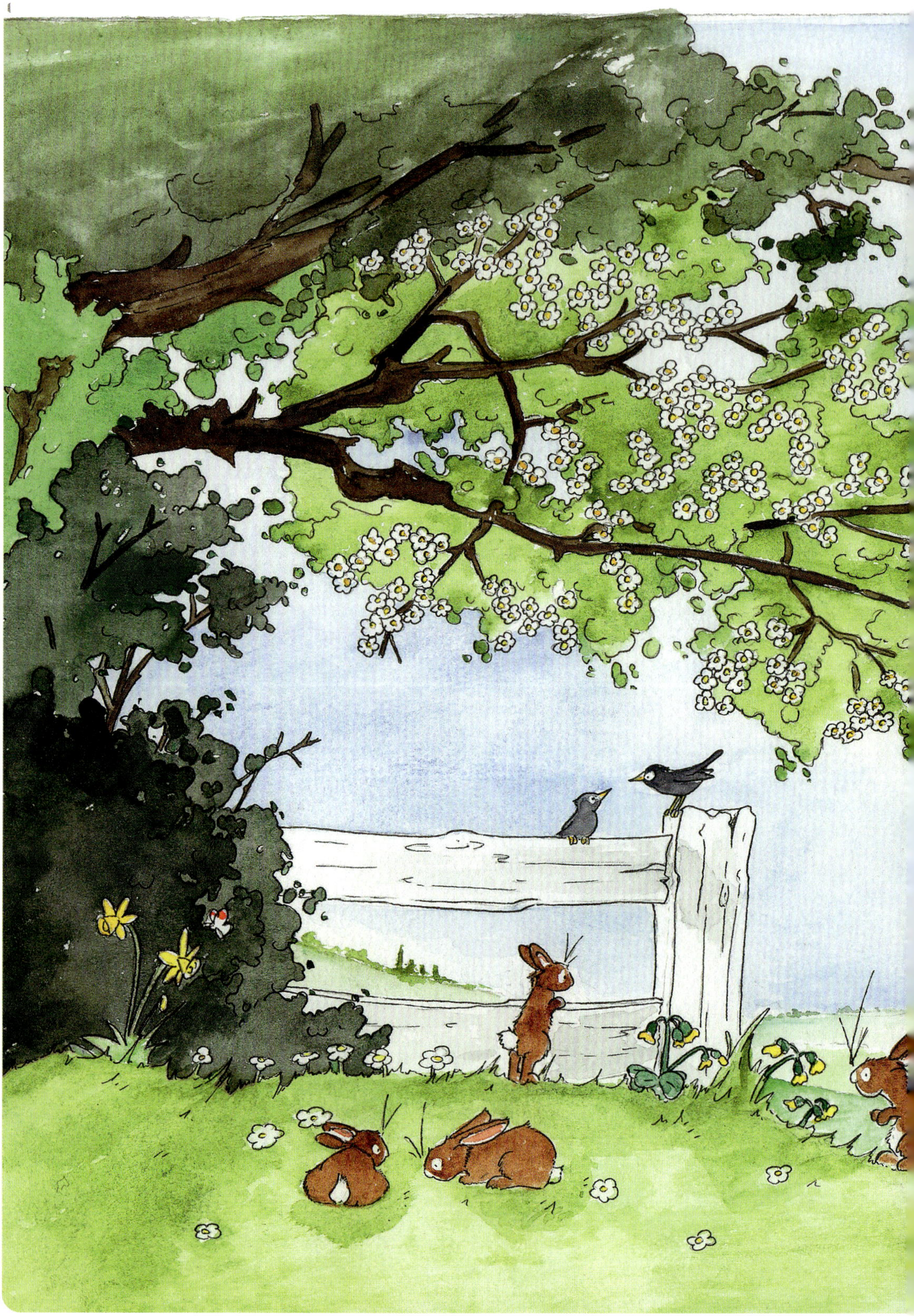

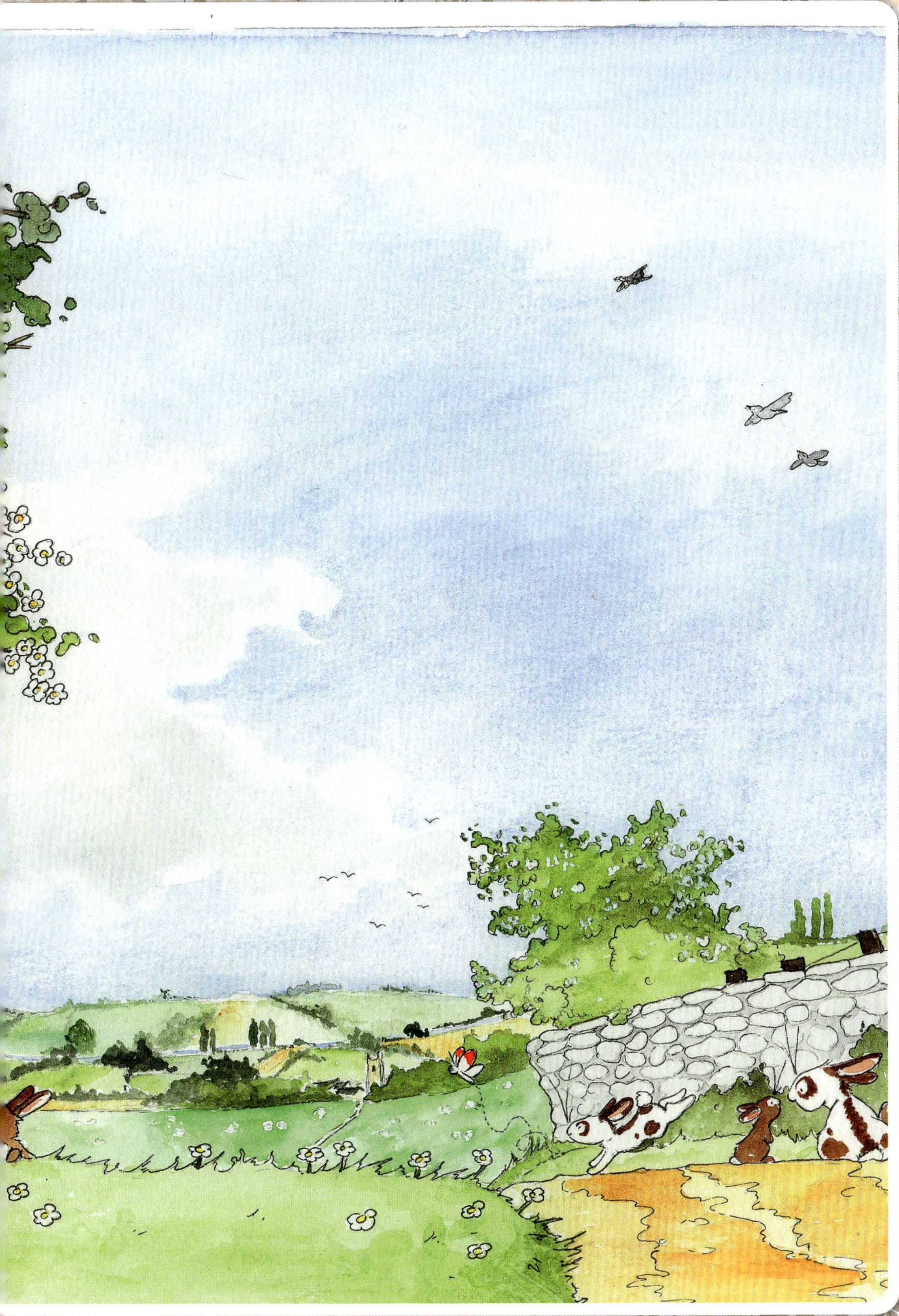

IMPRESSUM

Nach den Arena-Kinderbuchreihen zu Tilda Apfelkern und Snöfrid aus dem Wiesental
Design & Realisation: Sonja Herberhold
Illustrationen: Andreas H. Schmachtl
Fotos: Anne Schulz
Step-Fotos: Sonja Herberhold
Grafik Blümchenmuster:
Shutterstock 2028010676/Ann.and.Pen
Verantwortlich: Maria Möllenkamp
Lektorat: Ina Langguth
Korrektorat: Manuela Burkhardt
Umschlaggestaltung: Nina Andritzky
Layout: Anne Schulz
Repro: LUDWIG:media
Herstellung: Julia Hegele
Printed in Türkiye by Elma Basim

Unser komplettes Programm finden Sie unter

www.christophorus-verlag.de

★★★★★

Sind Sie mit diesem Titel zufrieden? Dann würden wir uns über Ihre Weiterempfehlung freuen. Erzählen Sie es im Freundeskreis, berichten Sie Ihrem Buchhändler oder bewerten Sie bei Onlinekauf. Und wenn Sie Kritik, Korrekturen, Aktualisierungen haben, freuen wir uns über Ihre Nachricht an: Christian Verlag, Postfach 40 02 09, 80702 München oder per E-Mail an lektorat@verlagshaus.de.

In diesem Buch wird aus Gründen der besseren Lesbarkeit das generische Maskulinum verwendet. Weibliche und anderweitige Geschlechteridentitäten werden dabei ausdrücklich mitgemeint, soweit es für die Aussage erforderlich ist.

Die Deutsche Nationalbibliothek verzeichnet diese Publikation in der Deutschen Nationalbibliografie; detaillierte bibliografische Daten sind im Internet über http://dnb.d-nb.de abrufbar.

ISBN 978-3-8410-6782-1

Kreativ-Service

Sie haben Fragen zu unseren Büchern und Materialien? Wir beraten Sie gern rund um alle Kreativthemen. Rufen Sie uns einfach an. Wir interessieren uns auch für Ihre eigenen Ideen und Anregungen. Sie erreichen uns per E-Mail kreativ-service@c-verlag.de oder unter der Telefonnummer 0049-89-1306 99 577.

Besuchen Sie uns im Internet: **www.christophorus-verlag.de** & **www.selbstgemacht.de**

Ebenfalls erhältlich ...

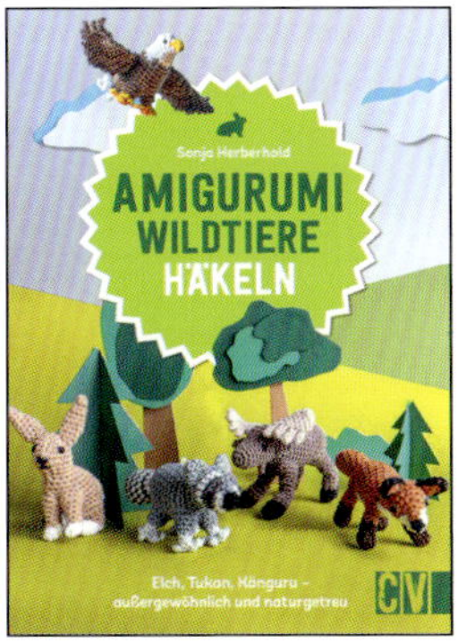

ISBN 978-3-8410-6734-0

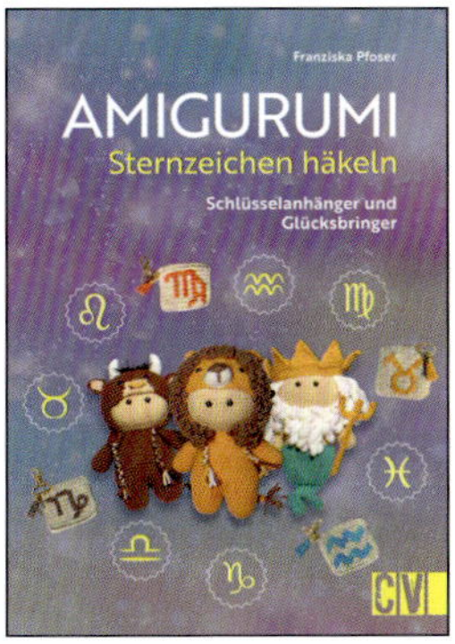

ISBN 978-3-8410-6733-3

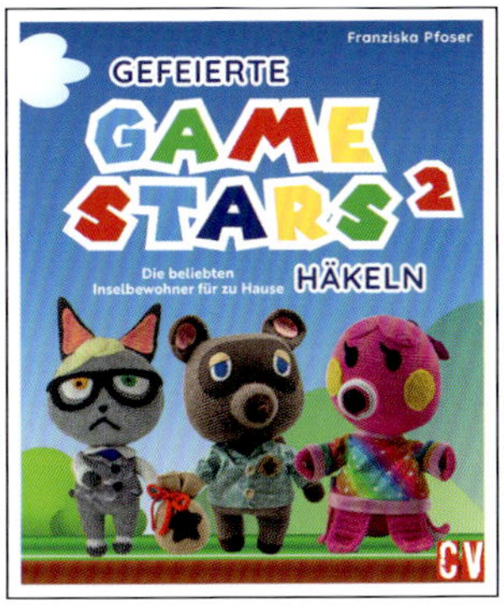

ISBN 978-3-8410-6710-4

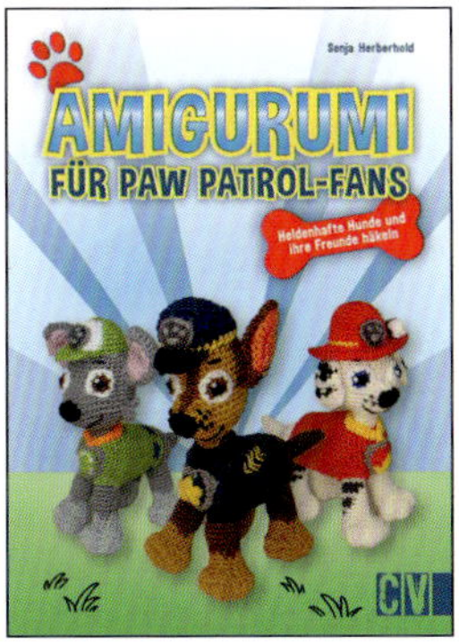

ISBN 978-3-8388-3923-3

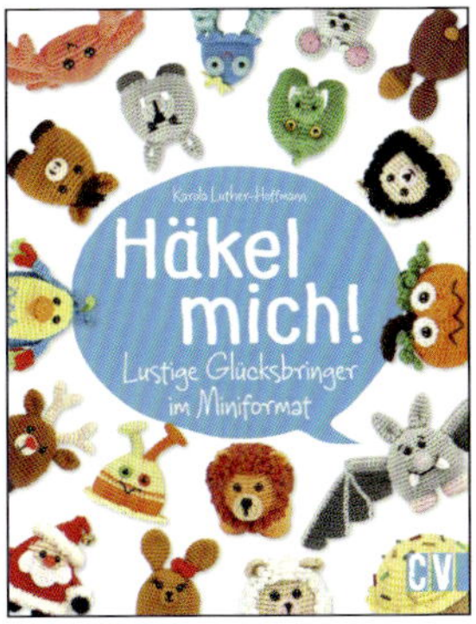

ISBN 978-3-8410-6396-0

CV

www.christophorus-verlag.de

Andreas H. Schmachtl

Tilda Apfelkern

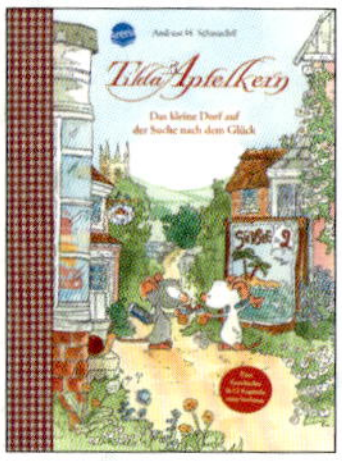

Das kleine Dorf auf der Suche nach dem Glück
978-3-401-71594-0

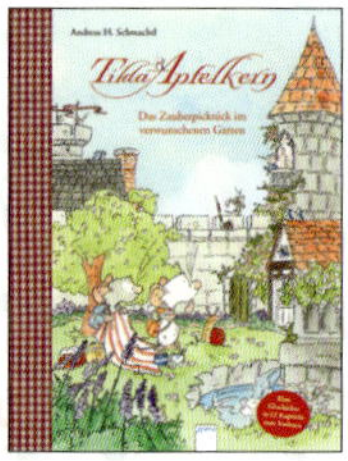

Das Zauberpicknick im verwunschenen Garten
978-3-401-71441-7

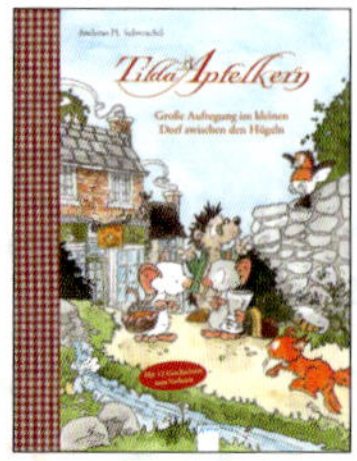

Große Aufregung im kleinen Dorf zwischen den Hügeln
978-3-401-70630-6

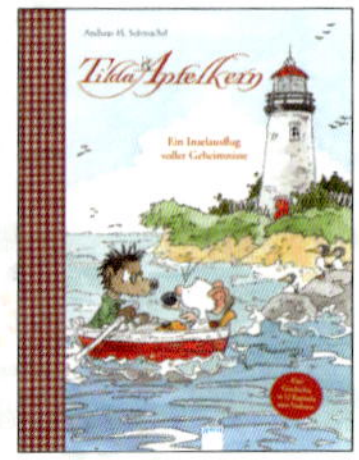

Ein Inselausflug voller Geheimnisse
978-3-401-71050-1

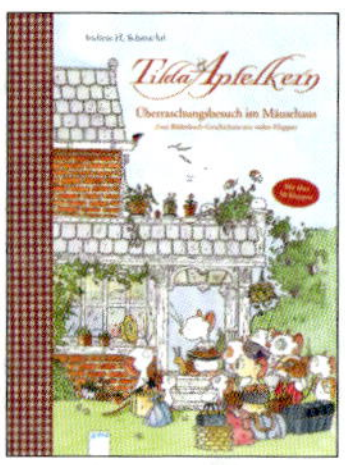

Überraschungsbesuch im Mäusehaus
978-3-401-71033-4

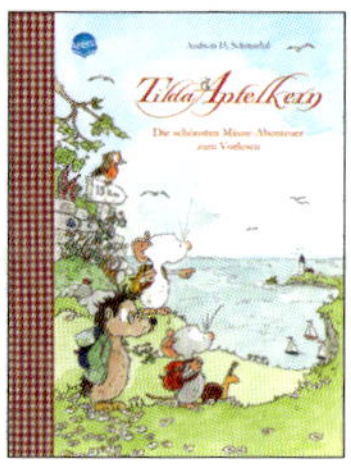

Die schönsten Mäuse-Abenteuer zum Vorlesen
978-3-401-71807-1

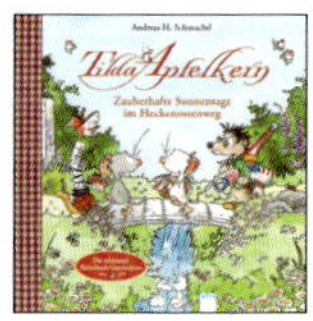

Zauberhafte Sonnentage im Heckenrosenweg
978-3-401-71527-8

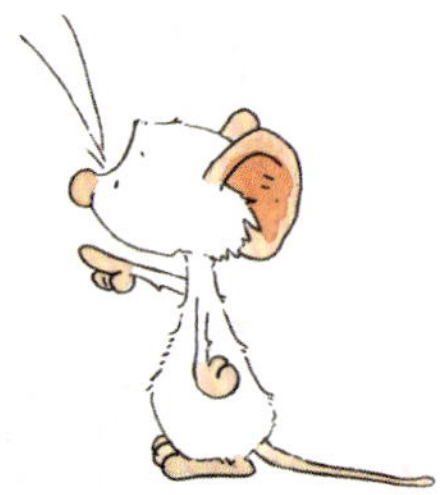

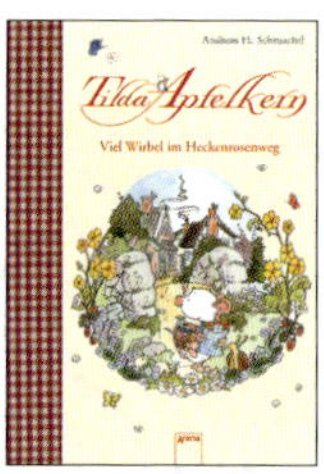

Viel Wirbel im Heckenrosenweg
978-3-401-70619-1

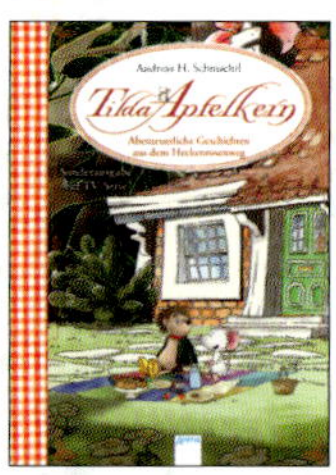

Abenteuerliche Geschichten aus dem Heckenrosenweg
978-3-401-71198-0

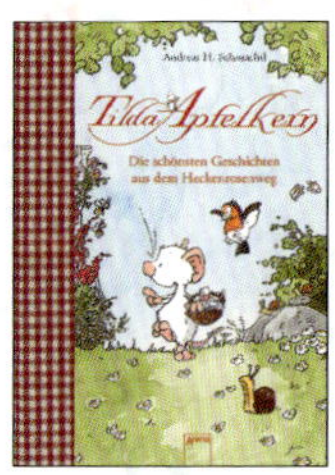

Die schönsten Geschichten aus dem Heckenrosenweg
978-3-401-70983-3

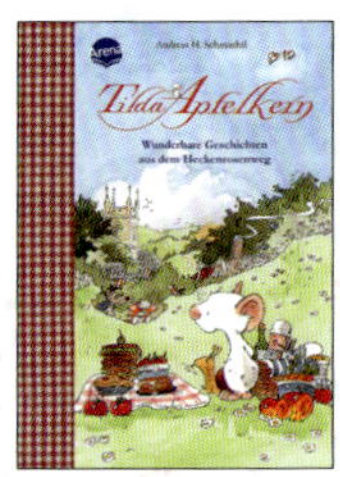

Wunderbare Geschichten aus dem Heckenrosenweg
978-3-401-71990-0

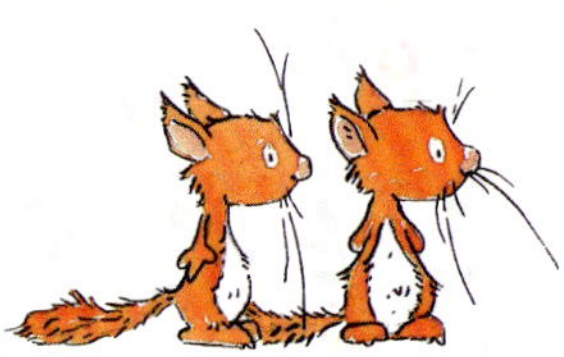

Jeder Band:
Tilda Apfelkern • Gebunden • www.arena-verlag.de

Andreas H. Schmachtl

Snöfrid aus dem Wiesental

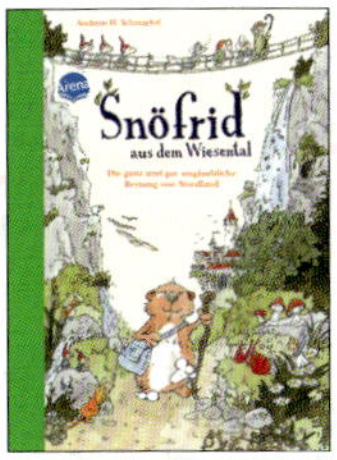

Die ganz und gar unglaubliche Rettung von Nordland (1)
978-3-401-70581-1

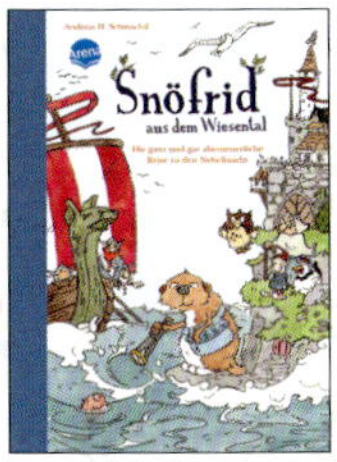

Die ganz und gar abenteuerliche Reise zu den Nebelinseln (2)
978-3-401-70634-4

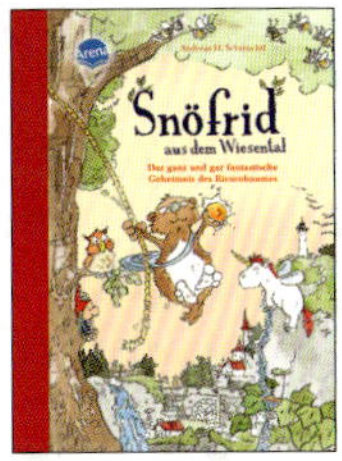

Das ganz und gar fantastische Geheimnis des Riesenbaumes (3)
978-3-401-71045-7

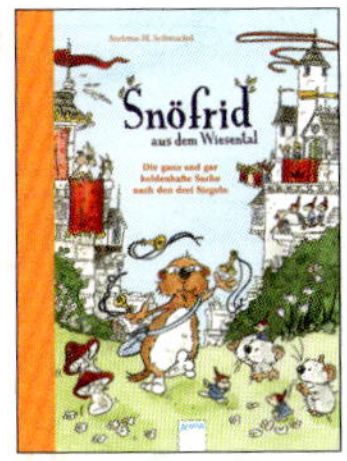

Die ganz und gar heldenhafte Suche nach den drei Siegeln (4)
978-3-401-71284-0

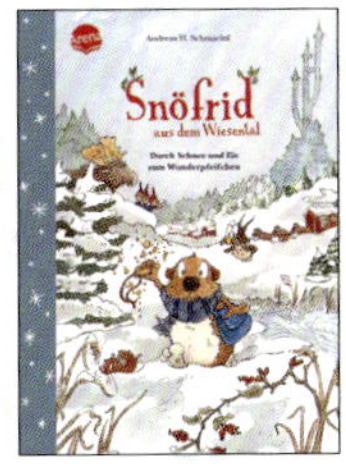

Durch Schnee und Eis zum Wunderpfeifchen (5)
978-3-401-71784-5

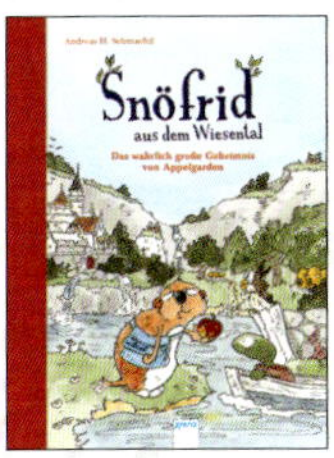

Das wahrlich große Geheimnis von Appelgarden (1)
978-3-401-71325-0

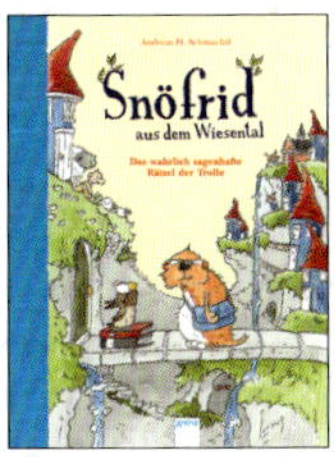

Das wahrlich sagenhafte Rätsel der Trolle (2)
978-3-401-71522-3

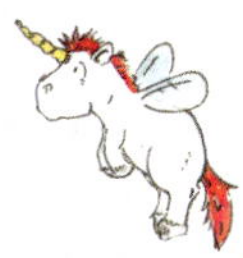

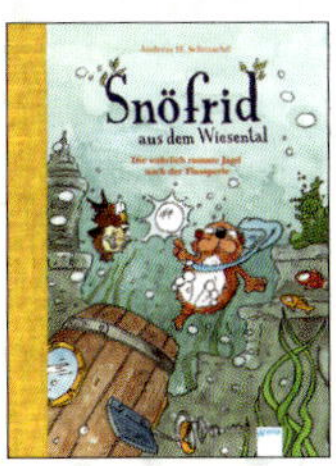

Die wahrlich rasante Jagd nach der Flussperle (3)
978-3-401-71585-8

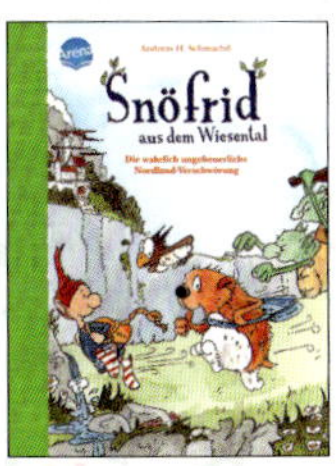

Die wahrlich ungeheuerliche Nordland-Verschwörung (4)
978-3-401-71781-4

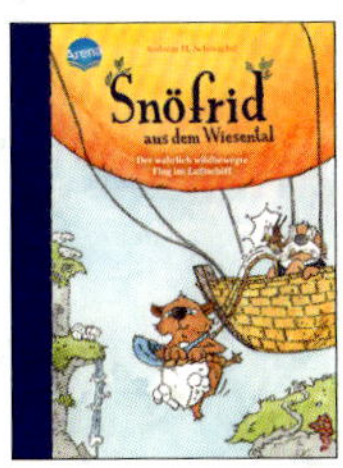

Der wahrlich wildbewegte Flug im Luftschiff (5)
978-3-401-71845-3

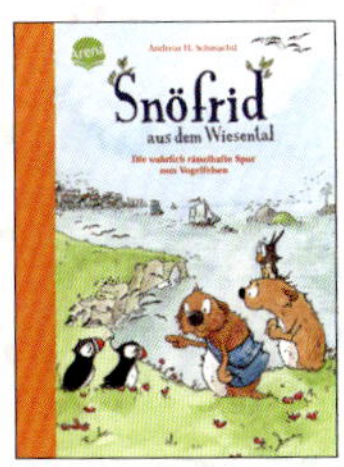

Die wahrlich rätselhafte Spur zum Vogelfelsen (6)
978-3-401-71976-4

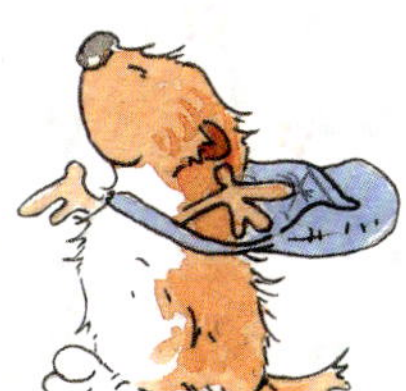

Jeder Band:
Snöfrid aus dem Wiesental • Gebunden • www.arena-verlag.de

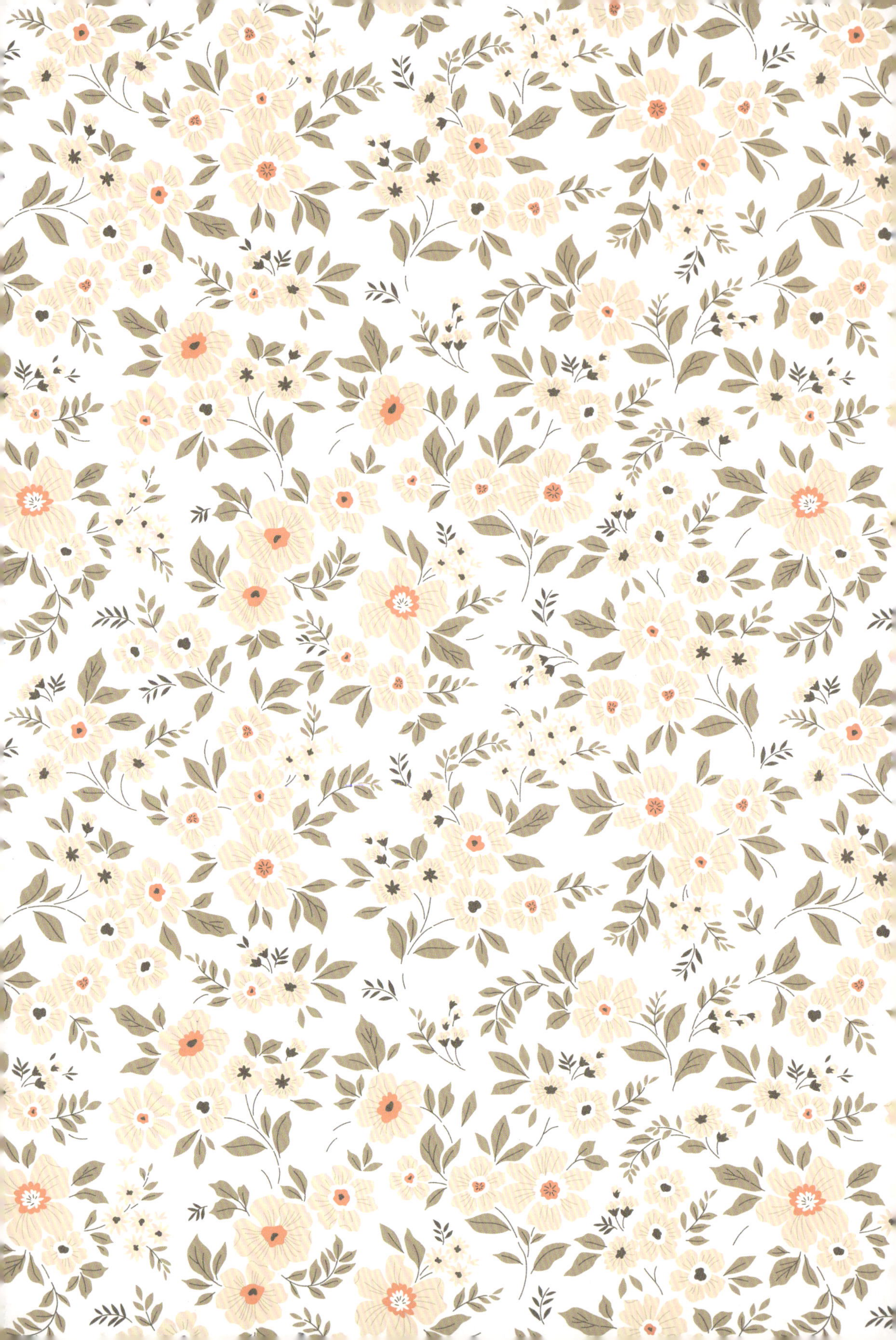